# Du begleitest mich

# Du begleitest mich

Großdruck-Gebetbuch

Herausgegeben von
August Berz

Benziger Verlag

3. Auflage 1982, 15. Tausend
Alle Rechte vorbehalten
© Copyright 1978 by Benziger Verlag, Einsiedeln/Köln
Umschlaggestaltung: Peter Kunz, Winkel/Zürich
Gesamtherstellung: Clausen & Bosse, Leck
ISBN 3 545 20055 8

# Inhalt

# 1 Erfüllte Zeit

Es will Abend werden.
*Lk 24,29*

## Unsere Bitte

Bleib bei uns; es will Abend werden, der Tag
geht zur Neige.
*Lk 24,29*

Verstoß mich nicht in meinen alten Tagen,
verlaß mich nicht, wenn mir die Kraft ent-
schwindet!
*Ps 71,9*

## Gottes Antwort

Ich bleibe derselbe, so alt ihr auch werdet;
auch wenn ihr grau werdet, will ich euch
tragen.
Ich habe es getan, und ich werde euch weiter-
hin tragen, ich werde euch schleppen und
retten.
*Jes 46,4*

## Unsere Glaubensgewißheit

Mag auch unser äußerer Mensch sich aufreiben, unser innerer wird von Tag zu Tag neu.
Die augenblickliche, leichte Trübsal erwirkt uns eine überschwenglich reiche, gewaltige Fülle ewiger Herrlichkeit.
Wir sehen ja nicht auf das Sichtbare, sondern auf das Unsichtbare;
das Sichtbare währt nur für Augenblicke, das Unsichtbare aber ist ewig.
Denn wir wissen: wenn unsere irdische Zeltwohnung abgebrochen wird, erhalten wir eine Wohnung von Gott,
    ein Haus, nicht von Menschenhand
    gebaut,
    ein ewiges Haus im Himmel.

*2 Kor 4,16–5,1*

## Bild unseres Lebens

Es ist wieder einer jener schönen Abende bei W. Wir hören in wundervoller Stereo-Wiedergabe eine von Pablo Casals gespielte Bach-Suite. Wir meinen, die Schallplatte sei zu Ende, und M. will aufstehen, sie zu wechseln. Doch es ist noch zu früh. Es schließt sich noch eine weitere Suite an.

Zwischen uns auf dem Tischchen brennt eine Kerze in einem Halter, der sie ganz umschließt, so daß nur der Docht sichtbar ist. Die Kerze wird durch eine verborgene Feder nach oben getrieben. Man weiß nicht, wie weit sie schon verbraucht ist und wie lange sie noch reicht.

«Das ist dein Leben», zuckt es mir plötzlich durch den Sinn: eine Spielplatte, deren Radius und Spieldauer wir nicht kennen; eine Kerze, deren Schaft und Brenndauer verborgen ist. Bald ist es ausgespielt. Bald ausgebrannt.

Wie traurig, wenn wir nicht im Glauben wüßten: das in unserem Leben angeschlagene Motiv wird entfaltet in einer ewigen Symphonie;
und wenn der Kerzenstumpf unseres Lebens erlischt, geht an uns der Glanz der Herrlichkeit Gottes auf.

*August Berz*

## Bleibe, o Licht meines Lebens!

O mein Gott, ich kann Dich nicht halten.
Ich kann Dich nur bitten, zu bleiben: «Herr,
   bleibe bei uns, denn es will Abend
   werden.»
*Lk 24,29*


Verweile bis zum Morgen, und geh nicht
   fort, ohne mir Deinen Segen zu geben!
Bleibe bei mir in diesem dunklen Tal, bis zu
   meinem Tode, wenn die Finsternis weicht!
Bleibe, o Licht meiner Seele: schon wird es
   Abend!
Schon neigt sich der Tag . . .
Bleibe bei uns, guter Jesus, bleibe für immer!
*John Henry Newman (1801–1890)*


## Herbst

Die Blätter fallen, fallen wie von weit,
als welkten in den Himmeln ferne Gärten;
sie fallen mit verneinender Gebärde.
Und in den Nächten fällt die schwere Erde
aus allen Sternen in die Einsamkeit.

Wir alle fallen. Diese Hand da fällt.
Und sieh dir andere an: es ist in allen.
Und doch ist Einer, welcher dieses Fallen
unendlich sanft in seinen Händen hält.
*Rainer Maria Rilke*

## Auferstehungshoffnung

In zwei, drei Wochen ist mein Lindenbaum gelb geworden, und der heftige Föhn der letzten Tage hat ihm alle Blätter weggeblasen. Nun steht er da, kahl und wie gestorben, und ich wäre traurig, wüßte ich nicht ganz sicher, daß er in einem halben Jahr wieder grün und jung dastünde und daß er im Juni wieder blühen und duften würde. Ich weiß das ganz sicher; ich kann mich so gewiß auf die Einrichtungen Gottes verlassen, daß ich jede Wette eingehen wollte, nach dem Winter komme wieder Frühling und Sommer; ja, ich fände keinen, der fürs Gegenteil auch nur fünf Rappen wagen wollte. Alle, ohne Ausnahme, sind voll überzeugt vom Funktionieren der großen Schöpfung. Das ist der große Anker der Hoffnung, an den wir unser Schifflein anbinden, und mag es stürmen und frieren und die Tage immer kleiner und dunkler werden; wir halten das gut durch, weil wir so ganz sicher sind, daß die Tage bald wieder länger werden und der Frühling kommt.

Und wenn der Wind nun alle Blätter von den Bäumen bläst und der Winter kommt, so ist das für uns ein Gleichnis und eine Mahnung: auch für uns kommt der Herbst und Winter, und dafür müssen wir auch so einen Anker

der Hoffnung haben. Wie heißt der Anker?
«Ja, das ist der Wille meines Vaters, daß jeder,
der den Sohn sieht und an ihn glaubt, das
ewige Leben habe. Und ich werd' ihn aufer-
wecken am Jüngsten Tage» (Joh 6,40). Wer
diesem Wort Gottes ebenso fest und sicher
traut wie der großen Weltordnung, die uns
auf jeden Winter wieder einen Frühling
bringt, der mag getrost schlafen, sein Schifflein ist gut angebunden, mag kommen, was
will. Und warum sollten wir weniger trauen?
Der unsere Erde und Sonne geheißen hat,
ihren Weg zu laufen, der hat auch dieses
Wort gesprochen.

*Franz Christian Blum*

## Alt werden

Gott, du hast mich gelehrt von Jugend
auf . . . Auch im Alter noch, wenn ich grau
werde, verlaß mich nicht, o Gott.

*Ps 71,17–18*

Wir werden einmal alle alt und stille werden
und werden wissen, was wesentlich ist
und was ungestraft ausgelöscht werden kann.

Einmal wird unser Auge ruhig werden
und müde unser Schritt,
und Sonnenuntergang wird unseren Abend
   färben.

Ich kenne einen alten Mann,
der immer schwere Lasten trug
und sich der Mühe nie entzog.
Ich denke an sein stilles Antlitz,
an das Wissen vieler einsamer Wege.
Sein Leben war hart und dürftig,
doch der milde Klang seiner Stimme
zeigte Güte ohne Bitterkeit.

Wir werden einmal alt und müde.
Laßt uns beten, daß unsere Stimmen milder
    werden und unsere Gesichter Verkünder
    des Friedens.

*Viola Renval*


## Gib den Alternden Kraft

Herr,
Du hast dem Menschen
wie jedem Lebewesen
seine Zeit zugemessen:
er altert, und er stirbt.
Die Alten sind in Deiner
und in unserer Hut:
wenn wir im Geist Deines Sohnes
mit ihnen umgehen,
tun wir Dein Werk.

Gib den Alternden die Kraft,
die Last des Alters anzunehmen.
Laß sie darüber weder wehleidig
noch hart und eigensinnig,
sondern weise werden.
Öffne ihnen den Blick
für die unbekannten Freuden des Alters.
Öffne ihnen den Blick für die Größe des
   Todes.
Gib ihnen die Fähigkeit, weiterzugeben,
was sie empfangen haben.
Laß sie das Unbekannte nicht mit Angst,
sondern in Hoffnung erwarten.
Hilf ihnen, das Ende gut zu machen,
dann wird alles gut gewesen sein.

*Walter und Marianne Dirks*


## Zeit der Besinnung

Je mehr die körperlichen Sehkräfte geschmä-
lert werden, desto hellsichtiger müßte der
Mensch werden für die Hintergründe des Lebens, seinen tieferen Sinn, die Transparenz
des Irdischen und Vergänglichen auf das Bleibende, Ewige und Göttliche hin.
Im aktiven beruflichen Leben haben wir so
oft so wenig Zeit zur Besinnung. Wie tief ist
doch die deutsche Sprache! Be-sinnen heißt
doch, den Dingen einen Sinn geben (wie etwa
be-malen, be-drucken): den verschlungenen

Fäden des Lebens, den Freuden wie den Leiden, den Überraschungen wie den Enttäuschungen einen Sinn geben, sie be-sinnen, sie mit Sinn versehen. Sich be-sinnen: das heißt: indem wir in den Schicksals-Ereignissen den Sinn aufspüren, gewinnen wir auch einen tieferen Sinn des eigenen Daseins und Lebens, der uns vielleicht in der Hetze des Alltags verloren ging oder verdunkelt wurde, besinnen wir das eigene Dasein und Leben angesichts des anderen, viel tieferen und gewichtigeren Teiles unserer Existenz im «Jenseits» . . .

In dieser Zeit lernt der Mensch auch klarer zu unterscheiden zwischen dem Wesentlichen und dem Unwesentlichen, dem Flüchtigen und dem Bleibenden, dem Nebensächlichen und der Hauptsache. Das wäre dann die Weisheit des Alters.

*Jakob David*

## Ich ergebe mich

Da Du es bist, der die Dinge so geordnet hat,
so ergebe ich mich darein und will, was du
    willst.

Hebe mir das Glück, das Du mir genommen
    hast, für die Ewigkeit auf.

Ich danke Dir für die schöne Vergangenheit,
    die Du mir schenktest.

Die Gegenwart opfere ich Dir auf,
und die Zukunft vertraue ich Deiner Liebe
    an.

*Autor unbekannt*

# 2   Auf dem Weg

Der Pfad des Gerechten ist
    wie das Morgenlicht:
er wird immer heller
    und wächst bis zum vollen Tag.
*Spr 4,18*

## Zuspruch der Heiligen Schrift

Macht die erschlafften Hände wieder stark,
und die wankenden Knie wieder fest!
Sagt den Verzagten: Habt Mut, fürchtet euch
    nicht! . . .
Eine Straße wird es geben;
man nennt sie den Heiligen Weg . . .
Dort gehen nur die Erlösten,
die vom Herrn Befreiten kehren zurück
und kommen voll Freude nach Zion.
Ewige Freude leuchtet aus ihren Gesich-
    tern;
Wonne und Freude stellen sich ein,
Kummer und Seufzen entfliehen.
*Jes 35*

Ich vergesse, was hinter mir liegt, und strecke
    mich aus nach dem, was vor mir liegt.
Dem Ziele zu laufe ich, dem Siegespreis der

himmlischen Berufung Gottes in Christus
Jesus entgegen.

*Phil 3,13–14*

## Meine Antwort

Zeige mir, Herr, Deine Wege,
lehre mich Deine Pfade!
Führe mich in Deiner Treue und lehre mich,
denn Du bist der Gott meines Heiles.
Auf Dich hoffe ich allezeit . . .
Alle Pfade des Herrn sind Huld und Treue,
denen, die seinen Bund und seine Gebote
    bewahren.

*Ps 25,4–6.10*

## Dein Wille geschehe!

Wenn ich zurückblicke, Herr,
begegne ich Dir und Deinem Willen.

Dein Wille ist geschehen,
als ich die Taufe empfing,
und ich bin nun nicht mein eigener Herr,
sondern Dein Eigentum.
Ich bejahe Deinen Willen.

Dein Wille ist geschehen
auf allen merkwürdigen Wegen,
die Du mich geführt hast,
in allem Unerklärlichen und Seltsamen,
das in meinem Leben geschehen ist.
Ich bejahe Deinen Willen.

Dein Wille ist geschehen
in den Tagen, an denen ich glücklich war,
an denen ich Liebe empfangen
und Erfüllung und Freude gefunden habe.
Alles Glück ist in Gefahr. Das hast Du be-
    stimmt.
Ich bejahe Deinen Willen.

Dein Wille ist geschehen
auch auf allen dunklen Wegen
des Elends und der Angst.
Ich danke Dir, daß ich nicht zugrunde ging.

Ich danke Dir, daß ich meine Schuld nicht
  büßen muß.
Ich danke Dir, daß ich eins bin mit Dir
und nicht zerfallen mit mir selbst.

Dein Wille ist meine Kraft
in meiner Schwäche.
Ich nehme Deine Kraft an und vertraue ihr.
Dein Wille ist es, der mich weiterführt
bis zum Ende meiner Tage und weiter.
Dein Wille geschieht. Ich bitte Dich,
daß er geschieht, auch durch meinen Willen.
*Jörg Zink*

## Dem Ziel entgegen

Der in sich verhaftete, auf sich selbst zurück-
gebeugte Mensch dreht sich im Kreis. Er
weiß nicht, wohin das Leben geht. Er weiß
nicht, wofür er lebt.
Die Christen haben ein Ziel. Zwar sind sie
noch unterwegs und damit noch nicht am
Ziel, aber sie wissen, daß keiner eine Reise
antreten kann, wenn das Ziel nicht klar ist.
Selbstverständlich kann man in der Land-
schaft herumfahren, schlimmstenfalls her-
umirren. Gerade dabei erfährt man die Not-
wendigkeit einer Zielbestimmung. Unser
Ziel ist Gott, der uns Gemeinschaft mit sich
gewährt und damit Leben, Vollendung und

Herrlichkeit schenkt. Diese Gemeinschaft ist heute schon möglich, so daß jeder für jeden Tag so viel Licht empfängt, um wenigstens die nächsten Schritte tun zu können . . .

Gott läßt den Menschen nicht hängen. Wie er Jesus auferweckt und in die Herrlichkeit aufgenommen hat, so zieht er auch den Menschen in seine Gemeinschaft. Weil wir Christen nicht an die Selbsterlösung, sondern an die Erlösung durch Jesus Christus glauben, weil Gott in unseren Augen barmherzig und gut ist, darum hoffen wir, unser Ziel zu erreichen.

*Paul Jakobi*


## Weiter vorwärts

Seit Jahren, mein Gott, suche ich Dich,
und mein Leben wird bald zu Ende gehen.
Wie rasch eilen zehn, fünfzehn Jahre vorbei.

Nicht, daß ich niedergedrückt wäre
oder daß ich mit der Angst liebäugelte!
Nicht, daß ich das Rennen aufgäbe
und von einem friedlichen Ruhestand
    träumte.

Nein, nein, ich bitte Dich um die Gnade,
daß ich weiter vorwärts gehe,

wie früher, als ich zwanzig- oder dreißigjäh-
  rig war
oder auch fünfzigjährig . . .
*Jacques Loew*

## Durch die Wüste in das verheißene Land

In positiver Weise alt werden gleicht dem
Zug durch die Wüste in das verheißene Land.
Altern läßt den Menschen bewußt werden,
wie unbeständig und vorübergehend so man-
che Dinge im Leben sind. Reichtum und äußerer Erfolg, Schönheit und Gesundheit: sie
sind alle im Fluß und dem Untergang ausge-
setzt. Doch die Erfahrung der vergänglichen
Natur der Dinge ist nur eine Seite der Münze.
Der alternde Mensch entwickelt auch eine
neue Hellsichtigkeit für das Bleibende und
Ewige. Inmitten des Niedergangs des
menschlichen Lebens kann der Mensch einen
neu vertieften Glauben an das nie endende
ewige Leben in der Vereinigung mit dem
dreieinigen Gott gewinnen . . .
Obwohl der Mensch weiß, daß er durch das
Tor des Leidens und Todes hindurch muß,
weiß er auch, daß dieser letzte, alles entscheidende Schritt eine Teilhabe am Leben und
Tod Jesu Christi sein wird, ein Übergang zu
Auferstehung und ewigem Leben mit dem
glorreich auferstandenen Christus in der Tri-

nität. Der Mensch erkennt jetzt den Prozeß seines Alterns als ein wichtiges Stadium groß-herziger Selbsthingabe, des Wachsens und Ganzwerdens, das seinen Höhepunkt in der totalen Vereinigung mit dem leidenden, ster-benden und auferstehenden Christus findet.

*Alfons Deeken*

## Die Spur nicht verlieren

Der Du Licht heißt
und wachsende Klarheit bist,
schaff den Nebel hinaus,
der unseren Blick verdunkelt.
Gib uns den Mut,
weiter tastend und prüfend zu suchen.
Keinen geraden Weg verlangen wir,
sondern nur dieses:
Die Spur nicht zu verlieren
im Wirrwarr des täglichen Daseins.

*Herman Mertens*

## Bis zum Ziel

Nein, bleibe nicht stehn. –
Es ist eine göttliche Gnade,
gut zu beginnen.
Es ist eine größere Gnade,
auf dem guten Weg zu bleiben
und den Rhythmus nicht zu verlieren . . .
Aber die Gnade der Gnaden

ist es, sich nicht zu beugen
und, ob auch zerbrochen und erschöpft,
vorwärtszugehen bis zum Ziel.

*Helder Camara*

## Lenk meinen Schritt!

Lenk, freundlich Licht, mitten in Dunkel-
     heit,
     Lenk meinen Schritt!
Schwarz ist die Nacht, weit bin ich noch vom
     Heim,
     Lenk meinen Schritt!
Gib mir Geleit! Will ja nichts Fernes schaun,
Fernes Gefild, – ein Schritt nur genügt.

So tat ich früher nicht; kannte die Bitte nicht,
     Daß Du mich leitest.
Suchte mir selbst den Pfad. Doch jetzt
     Gib Du Geleit!
Einst liebt' ich grelles Licht, trotzend der
     Furcht,
Stolz lenkte meinen Weg; verzeih jene Jahre.

Segnend ertrugst Du mich, führ' mich auch
     weiterhin!
     Lenk meinen Schritt
Hin über Moor und Sumpf, hin über Strom
     und Fels
     Zum Licht hinan;

Bis mir im Morgenglühn leuchtet der Engel
    Bild,
Das ich so lang geliebt und nur für kurze Zeit
    einstmals vergaß.

*John Henry Newman (1801–1890)*

## Rückblick

«Habe deinen Weg lieb», hat einer gesagt,
«denn er ist der Weg des Lebens, und ihn
schilt nur, wer ihn nicht versteht.» Nimm
alles so, wie es geschehen ist, und betrüge
dich nicht selbst. Denn aus diesem Ja zum
eigenen Schicksal wächst die Gelassenheit,
deren der zurückblickende Mensch so sehr
bedarf. Aus diesem Ja wächst die Zuversicht,
daß Gott meinen «Wert» anders und besser
bestimmt, als es mir selbst möglich ist, und
daß er andere Maßstäbe dafür hat als mein
Wohlverhalten und meine Leistung. Es kann
durchaus ein Zeichen für die Übereinstim-
mung des Willens zwischen Gott und einem
Menschen sein, wenn der Mensch fähig ist,
im Rückblick auf sein Leben auch sich selbst
ein wenig zu lieben, ohne sich etwas vorzu-
machen.

*Jörg Zink*

## Du kennst mich

Mein großer Gott,
Du kennst mich durch und durch.
Dein Blick umfaßt meine ganze Gegenwart,
Vergangenheit und Zukunft als ein
Ganzes . . .
Du weißt, wie mein Ende sein wird . . .
Zu wissen, daß Du in meinem Herzen liest,
ist mein bester Halt.
O vermehre in mir die offenherzige Aufrich-
tigkeit, nach der ich verlangt habe!
Gib, daß ich Deinen Blick nie zu fürchten
brauche! . . .
Lehre mich, Dich immer mehr zu lieben,
dann werde ich Frieden haben ohne jede
Furcht vor Dir!

*John Henry Newman (1801–1890)*

# 3 In Deiner Hand

Ich habe dich bei deinem Namen gerufen:
mein bist du.

*Jes 43,1*

## Zuspruch der Heiligen Schrift

Jetzt aber – so spricht der Herr,
der dich geschaffen hat
und der dich geformt hat:
Fürchte dich nicht, denn ich habe dich
befreit,
ich habe dich beim Namen gerufen,
du bist mein.
Wenn du durch Wasser schreitest, bin ich bei
dir,
kein Strom reißt dich fort.
Wenn du durch Feuer gehst, wirst du nicht
versengt,
keine Flamme wird dich verbrennen.
Denn ich bin dein Gott, bin dein Retter.

*Jes 43,1–3*

## Meine Antwort

Herr, Du hast mich erforscht, und Du kennst
mich.
Ob ich sitze oder stehe, Du weißt von mir,
von fern erkennst Du meine Gedanken.
Ob ich gehe oder ruhe, es ist Dir bekannt;
Du bist vertraut mit all meinen Wegen ...
Denn Du hast mein Inneres geschaffen,
mich gewoben im Schoß meiner Mutter.
Ich danke Dir, daß Du mich so wunderbar
gestaltet hast.
Ich weiß: Staunenswert sind deine
Werke ...
Erforsche mich, Gott, und erkenne mein
Herz,
prüfe mich, und erkenne mein Denken!
Sieh her, ob ich auf dem Weg bin, der Dich
kränkt,
und leite mich auf dem altbewährten Weg.

*Ps 139,1–3. 13–14. 23–24*

## In Christi Händen

In Jesus Christus ist das Wort, das bei Gott, das Gott war, Fleisch geworden. Und in seinen Händen rühren Gottes Hände uns an. Meine Zeit steht in deinen Händen – das heißt soviel wie: ich stehe in den Händen Jesu Christi, des menschgewordenen Gottessohnes. In ihm hat Gottes Handeln angefangen, und in ihm mündet es. In ihm hat sich die Zeit erfüllt, seine, meine und unser aller Zeit. In ihm hat unser Wollen und Hoffen sein Ziel erhalten.

Hier auf Erden bin ich, ist «meine Zeit» der Vergänglichkeit anheimgegeben. Jeder Augenblick meines Lebens bringt mich dem Ende näher. Während ich diesen letzten Satz ausspreche, verkürzt sich meine Lebenszeit um fünf Sekunden. Mitten im Leben sind wir von dem Tod umfangen. Alles verändert sich unaufhörlich. Es gibt nichts Bleibendes.
Aber wenn ich in Deinen Händen stehe, bin ich herausgehoben aus dem Gewoge der Welt. Du lässest mich nicht fallen, du wachst über mir, ich kann mich auf dich verlassen, ich bin bei dir, du legst deine Hände um mich, du behütest mich, ich bin dein. Nicht erst am jüngsten Tag, nicht erst im Jenseits, sondern heute und hier.

*Manfred Hausmann*

## Gott fügt unser Dasein

Was zwischen Geburt und Tod vor sich geht,
das Geschehen und Tun, das die Tage füllt –
was ist das?
Der Glaube sagt: Es ist Vorsehung. Der
Gott, der Dich geschaffen hat; der Gott, der
Dich erlöst hat; der Gott, der Dich einst in
sein Licht stellen wird – Er fügt Dein Dasein.
Was darin geschieht, ist Botschaft, Forde-
rung, Prüfung, Hilfe, die von Ihm kommen.
Dieses nicht nur zu hören oder im Wissen zu
haben, sondern ins innere Leben zu nehmen
– muß das nicht alles verändern? Nicht bloß
hier Mut geben oder eine Überheblichkeit
dämpfen, sondern allem, dem Ganzen, dem
Zusammenhang des Daseins einen neuen
Charakter geben.

*Romano Guardini*

## Du hast ein Anrecht auf mich

Du, mein Gott, hast ein Anrecht auf mich,
ich bin ganz Dein.

Du bist der allmächtige Schöpfer, und ich bin
Dein Werk, das Werk Deiner Hand;

Du bist mein Herr . . .

Ich bin ganz und gar Dein Eigentum und Dein Werk, und meine einzige Pflicht ist, Dir zu dienen.

*John Henry Newman (1801–1890)*

## Bestimme Du!

Du hast mich erschaffen,
Du hast mich gewollt.
Gerufen hast Du mich, o Gott,
und hingestellt an meinen Platz.
Da, wo ich bin, da wolltest Du mich haben,
Gerade da und nirgends sonst.
Und Deinen Auftrag soll ich hier erfüllen,
Dein Werkzeug bin ich, Gott, in Deiner
  Hand.
Bestimme Du, ich will gehorchen,
Ich bin an meinem Platz, an den nur ich
  gehöre,
So wie die Engel stehn an ihrem Platz,
Für den Du sie bestimmt, o Herr . . .
Ein heilig Wissen ist's darum, o Gott,
Daß Du bereitet hast, wen Du gerufen.

*Georg Feuerer*

## Der Mensch ist nicht austauschbar

Jeder Mensch ist einmalig. Jeder hat seine Würde. Jeder ist er selbst, unersetzbar und verantwortlich. Gott hat ihn geschaffen, gerufen und gehalten. «Ich habe dich bei dei-

nem Namen gerufen: mein bist du» (Jes
43,1). «Siehe, in meine Hände habe ich dich
geschrieben» (Jes 49,16).
Gott hält die Menschen mit seiner Hand fest.
Sie sind kein Tauschobjekt. Täglich aber haben wir viele Rollen zu spielen. Dabei müssen
wir die für uns so erschreckende Erfahrung
machen, daß wir ersetzbar sind. Diese Erfahrung führt viele Menschen in eine Identitäts-
krise. Sie verlieren ihr Vertrauen zu sich
selbst. Dieses schwindende Selbstvertrauen
und mangelndes Selbstverständnis sind nur
zu überwinden in einem Urvertrauen an eine
letzte Unaustauschbarkeit.
Wer so in sich selbst steht, weil er in Gott
steht, kann sein Leben als einmalige, uner-
setzbare Antwort begreifen, auf den nur ihm
zugegangenen Anruf Gottes hin.
*Paul Jakobi*

## Laß mich werden!

Schöpfer allen Lebens, Vater aller Menschen,
Du hast mich von Ewigkeit her erdacht. Ich
bin ein ewiger Liebesgedanke von Dir.
Also wirst Du mit mir etwas vorhaben und
mir eine bestimmte Lebensaufgabe zuweisen,
mag sie in den Augen der Menschen noch so
bescheiden sein.
Und wenn schon mein Dasein von Ursprung

her Gabe ist, dann wird auch alles, was im
Lauf meines Lebens an mich herankommt,
Geschenk Deiner Fügung und Führung sein.
Wenn Du mir den Anfang gegeben hast,
wirst Du mir auch die Vollendung schenken.
Laß mich so werden, wie Du mich erdacht
hast; das vollbringen und auf mich nehmen,
was Du mir zugewiesen hast.
Laß mich werden, was ich nach Deinem Ratschluß sein soll:
ein Ebenbild und Gleichnis Deines Wesens
zu Deiner Ehre und Verherrlichung
und zu meiner Beglückung.

*August Berz*

## Das Ja zu uns selbst

Der Weg zur inneren Freiheit liegt im Ja zu
meiner von Gott gewollten Existenz. Ich
muß mich abfinden und vorbehaltlos zu dem
bekennen, der ich bin und wie ich bin. Die
Auflehnung gegen das Unabänderliche und
mir von Gott Aufgetragene macht meine Un-
freiheit und Zwiespältigkeit aus . . .
Ich will ja sagen zu dem, was Gott mir
zumißt:
Daß ich bin – die körperliche Beschaffenheit
– die Kräfte des Geistes, des Willens, des
Herzens und Gemütes – die soziale Umwelt
meines Lebens – der Beruf – die Geschichte

meines Lebens . . .
Alles will ich bejahen, was Gott mir zumißt,
was mir hilft, seinem Willen zu entsprechen.
Von allem will ich mich befreien, was mir den
Weg zu ihm versperrt.
«Ich will meinen Herrn und Schöpfer preisen
mit dem Antlitz, das er mir gegeben hat.»
(Therese vom Kinde Jesu).

*Rudolf Ostermann*

## Ich lebe aus Dir

Nichts habe ich von mir selbst; alles ist Gabe
von Dir und wird erst mein, wenn ich es von
Dir empfange. Und immerfort empfange ich
mich aus Deiner Hand. So ist es, und so soll
es sein. Das ist meine Wahrheit und meine
Freude.
Immerfort blickt Dein Auge mich an; und ich
lebe aus Deinem Blick, Du mein Schöpfer,
Du mein Heil.
Lehre mich, in der Stille Deiner Gegenwart
das Geheimnis zu verstehen, das ich bin. Und
daß ich bin durch Dich, und von Dir, und für
Dich.

*Romano Guardini*

# 4   Ja zum Jetzt

Jetzt ist er da,
der Tag des Heils.

*2 Kor 6,2*

## Zuspruch der Heiligen Schrift

Wir müssen, solange es Tag ist, im Dienst
dessen wirken, der mich gesandt hat; es
kommt die Nacht, in der niemand mehr wirken kann.
Solange ich in der Welt bin, bin ich das Licht
der Welt.

*Joh 9,4–5*

Als Mitarbeiter Gottes ermahnen wir euch,
darauf zu achten, daß ihr seine Gnade nicht
vergebens empfangen habt. Denn es heißt:
   Zur rechten Zeit erhöre ich dich; am Tag
   des Heils komme ich dir zu Hilfe.
Jetzt ist sie da, die rechte Zeit; jetzt ist er da,
der Tag des Heils.

*2 Kor 6,1–2*

## Unsere Antwort

Dies ist der Tag, den der Herr gemacht hat;
wir wollen jubeln und uns an ihm freuen!

*Ps 118,24*

## Laß mich mein Leben weiterführen!

Mein Gott, ganz sachte hebt auch heute mor-
   gen wieder
Das Leben an, wie gestern, wie so viele Male.
Gleich diesen Schmetterlingen, diesen Stein-
   arbeitern,
Den Grillen gleich, die sich von Sonne
   nähren,
Und gleich den Amseln, die im kühlen
   Schwarz des Laubs sich bergen,
Laß mich, mein Gott, mein Leben weiter-
   führen
So schlicht und einfach, wie ich es vermag.

*Francis Jammes*


## Jetzt ist die rechte Zeit

Wenn wir jeden Tag so anfangen würden,
wenn wir jede Stunde annehmen würden aus
der Hand Gottes, von dort, von wo sie wirklich kommt; wenn wir nicht klagen würden,
wenn wir uns nicht wundreiben würden an
der Situation, in die wir nun einmal hineinge-
stellt sind, unentrinnbar, sondern wenn wir
gläubig, demütig, in der Kraft des Geistes
und in dem Licht des Herrn sagen würden:
Jetzt ist der Tag des Herrn, die Stunde des
Heiles, der rechte Augenblick, aus dem meine Ewigkeit hervorgehen kann, würden wir

dann unser Leben nicht besser bestehen? Wären unsere Tage dann nicht – und selbst wenn sie menschlich leer und trostlos wären – gefüllter, lichter, größer, geräumiger und seliger von der geheimen Seligkeit, die der Christ selbst noch im Kreuz und in der Trostlosigkeit haben kann?

Wir müßten immer wieder Gott bitten, mit der ganzen Kraft unseres Herzens:
Gib mir das Licht und die Kraft, die Zeit, die ich jetzt habe, zu erkennen so wie Du willst, daß ich sie erkenne als das zu Tragende vielleicht, als das Langweilige vielleicht, als das Bittere vielleicht, als vielleicht die Stunde des Todes und des langsamen Sterbens, aber als Deine Stunde und Deine Gabe und als den Tag Deines Heiles . . . Sagen wir uns wieder einmal mit dem Apostel: Sieh, jetzt ist die rechte Zeit, sieh, jetzt ist der Tag des Heiles. O Gott, gib uns in Deiner Gnade Licht und Kraft, den Tag, den Augenblick zu erkennen und zu bestehen, so wie Du ihn als Deine Gabe, als Deine Gnade und als unsere Aufgabe uns immer wieder gibst, damit aus dieser Zeit, der rechten Zeit des Heiles werde: Deine Ewigkeit.

*Karl Rahner*

## «Meine Zeit»

Meine Zeit steht in Deinen Händen.

Ps 31,16

«Meine Zeit» – was ist das? Nun, meine Zeit
ist wohl einfach meine Lebenszeit, also meine
Vergangenheit von meiner Geburt her und
meine Zukunft hin zu meinem Tode und
dazu das Merkwürdigste: meine Gegenwart,
der ständige Übergang von der Vergangenheit in die Zukunft, der Augenblick jetzt, der
immer wieder kommt und immer wieder
geht. Unsere Lebenszeit ist der Raum, der
uns Allen gegeben ist, die Gelegenheit, die
uns Allen geboten wird zum Leben. Ein be-
schränkter Raum, eine einmalige und vor-
übergehende Gelegenheit zum Leben! Denn
wenn der Tod kommt, haben wir diesen
Raum nicht mehr, ist es vorbei mit dieser
Gelegenheit. Diese meine kurze oder lange
Lebenszeit steht in Deinen Händen!
«Meine Zeit» heißt aber noch mehr als das;
das Wort, das Luther mit «meine Zeit» über-
setzt hat, heißt eigentlich: mein Geschick.
Meine Zeit ist also meine ganze Lebensgeschichte mit allem, was ich gelitten und ange-
richtet habe und vielleicht noch leiden und
anrichten werde – meine Lebensgeschichte
steht in Deinen Händen!

Schließlich kann man das zusammenfassen und einfach sagen: «Meine Zeit» – das bin ich: Ich, der da gelebt hat und lebt und noch ein bißchen leben möchte – ich selbst mit meinen guten und weniger guten Eigenschaften. Meine Zeit, das bin ich selbst mit meiner hohen Bestimmung, Gott zu lieben. Meine Zeit, das bin aber auch ich selbst mit dem Abgrund von Verlogenheit und Verkehrtheit, der in mir ist. Und nun also: Ich, so wie ich war, bin und sein werde und wie Du mich wohl kennst –
ich stehe in Deinen Händen . . .

Was in Deinen Händen ist, das steht. Da steht es also: mein Gestern, mein Heute, und mein Morgen mit allem Verborgenen und Offenkundigen, was dazu gehört. Da stand meine Zeit, meine Lebensgeschichte, ich selbst schon lange, lange bevor ich geboren war in Deinem Ratschluß und so von Ewigkeit her. Und da wird es stehen: nicht nur bis zu meinem Tode, sondern über ihn hinaus, für immer. Nichts, gar nichts von dem, was da kam und noch kommt und jetzt ist, wird je verloren, vergessen und ausgelöscht sein. Ich bin, ich werde leben, ob ich gleich stürbe, weil mein Leben in Deinen Händen steht.

*Karl Barth*

## Symphonie, nicht Monotonie

Wenn ich mir daheim ein schönes Musik-
stück anhöre, kommt es gelegentlich vor, daß
ich auf einmal auf das Ticktack meiner alten
Wanduhr aufmerksam werde und eine Zeit-
lang es nicht mehr aus meinem Ohr zu ver-
drängen vermag, so daß ich statt der Klänge
der Musik mehr dieses eintönige mechani-
sche Ticken vernehme.
Bild unseres Daseins!
Statt der von Gott in unser Wesen und Leben
hineingelegten inneren Melodie zu lauschen,
achten wir nur auf den vordergründigen Ab-
lauf, auf das monotone Ticktack der Stunden
und Tage, der sich immer wiederholenden
Arbeiten und Ereignisse und Sorgen, und
klagen dann, unser Dasein sei eintönig. Und
dabei könnte es für uns eine beglückende
Melodie, eine packende Symphonie sein,
wenn wir es verständen, auf die innere Har-
monie von allem, auf den Sinn des Ganzen,
auf Gottes Stimme in unserem Innern zu lauschen.

*August Berz*

## Laß mich zu dem Menschen werden, den Du willst!

Gott, mein Schöpfer, mein Vater,
laß mich zu dem Menschen werden,
    den Du willst,
das tun, was Du willst,
so sein, wie Du willst.
Laß mich das werden, was ich nach Deinem
    Wohlgefallen sein soll:
ein Ebenbild und Gleichnis Deines Wesens
zu Deiner Ehre und Verherrlichung,
zum Segen für meine Mitmenschen
und zu meiner ewigen Beseligung.

*August Berz*

## Das Gewöhnliche als christliche Wirklichkeit

Seid fröhlich in der Hoffnung, geduldig in
    der Drangsal . . .
Helft den Heiligen, wenn sie in Not sind;
gewährt jederzeit Gastfreundschaft . . .
Freut euch mit den Fröhlichen und weint mit
    den Weinenden.
Seid untereinander eines Sinnes.

*Röm 12,12–16*

Was Paulus in den Versen 9 bis 16 sagt, . . . ist
ebenso ein Ruf zu Mut und Vertrauen, daß
das Gewöhnliche, das Alltägliche eine christ-

liche Wirklichkeit ist. Wenn er hier sagt:
«Freut euch mit den Fröhlichen! Weint mit
den Weinenden! Seid eines Sinnes! Nehmt
Anteil an den Nöten der anderen! Seid geduldig in der Drangsal! Seid fröhlich in der Hoffnung! Dient dem Herrn!», so sind das doch
Beschreibungen unseres Alltags, unseres Alltags freilich, wie er recht getan ist, wie er
angenommen ist mit der Freude und mit dem
Weinen, mit der Trübsal und der Not des
anderen, mit der Gastfreundschaft, die wir
gewähren, mit jenen Situationen, in denen es
uns drängen möchte zu fliehen, in denen wir
das Kleine und Schlichte tun sollen und versucht sind, hoch über unsere Möglichkeiten
hinauszufahren . . .
Paulus sagt uns mit diesen schlichten Versen:
Habt den Alltag und das Gewöhnliche lieb.
Laßt euch vom Leben mit all seinem Auf und
Ab, mit seinen Menschen, mit seinem Lachen
und Weinen mitnehmen als von der Vorsehung Gottes, die all das in seiner Vielfältigkeit
so gewollt hat. Habt Liebe ohne Arg und
Falsch, dann seid ihr Christen.
Würden wir unsere Gabe und Berufung, unseren Alltag als Charisma Gottes annehmen,
so wäre das Schwere uns leichter und unser
Leben wäre gesegnet.
*Karl Rahner*

## Ja zu jedem Augenblick

Herr, mein Gott
in meinem Leben habe ich das Große und
Größte gesucht und nach ihm gestrebt, um in
diesen letzten, von kostbarer Stille durchflu-
teten Wochen meines Erdendaseins die äu-
ßerst wertvolle Entdeckung zu machen, daß
das Allergrößte allein darin besteht, das Kleine und Allerkleinste in jedem Augenblick zu
wollen, das Du in Deiner Vorsehung für uns
bereithältst. Daß das Größte wirklich darin
besteht, Ja zu sagen zu dem, was Du willst,
Du allein, und zwar nur gerade heute, jetzt, in
diesem Augenblick.
So bestürme ich Dich, mein Gott, laß mich
mit Deiner Gnade nur gerade heute Ja sagen
zu jedem Augenblick und seinem heiligen
Anruf darin, daß ich zum Beispiel nur gerade
heute versuche, froh zu bleiben trotz der un-
terschwellig dahinquellenden Traurigkeit.

*Walther Hunziker*

# 5   Glaube

Herr, ich glaube,
hilf meinem Unglauben!

*Mk 9,24*

## Zuspruch der Heiligen Schrift

Was seid ihr verzagt, ihr Kleingläubigen? . . .
In der Welt habt ihr Drangsal –
aber seid getrost:
ich habe die Welt überwunden!

Euer Herz zage nicht!
Glaubt an Gott, und glaubt an mich! –

*Mt 8,26; Joh 16,33; 14,1*

## Meine Antwort

Zu Dir, o Herr, erhebe ich meine Seele;
mein Gott, auf Dich vertraue ich,
ich werde nicht zuschanden

*Ps 25,1*

## Ein Bekenntnis

Mir persönlich hat sich im Laufe meiner Entwicklung lediglich das Bild Gottes von kindlichen zu vergeistigten Formen gewandelt. An seinem Dasein vermochte ich niemals auch nur zu zweifeln. Alles auf der Welt scheint mir von Ihm zu sprechen, und es scheint mir kein Zufall, daß unter den größten Geistern der Menschheit nur verschwindend wenige sind, die Gott geleugnet haben. Ebenso vermochte ich von früher Jugend an nicht, an der Unsterblichkeit zu zweifeln. Es scheint mir, daß das Glücksverlangen und die Glücksvorstellungskraft jedes Menschen so weit über das hinausgehen, was selbst das glücklichste Leben, geschweige ein unglückliches, zu erfüllen vermag, daß es eine für mich unvorstellbare Grausamkeit Gottes wäre, eine so gewaltige und irdisch unerfüllbare Sehnsuchtskraft in das Menschenherz zu legen, wenn dieser Sehnsucht nicht eine Wirklichkeit nach dem Tode Genüge leistete . . .
Ebenso aber bekenne ich mit Dankbarkeit, daß der Glaube die Freude, das Glück, der Trost und der Segen meines Lebens und des Lebens der Meinigen gewesen ist und daß ich in den Tagen, in denen ich dies schreibe, die letzte Bestätigung und Stichhaltigkeit dieses Glaubens erfahren durfte: Angesichts des

Todes, dem mich eine schwere Lähmungs-
krankheit entgegenführt, die für einen Un-
gläubigen nur mit einer Tat wie der Heming-
ways zu beenden wäre, die der Glauben aber
im Blick auf das Kreuz zu ertragen vermag.

*Ernst Ginsberg*

## Die Antwort Jesu

Mein Gott, Du weißt es,
daß es Stunden gibt, da mich Schwindel über-
    fällt,
der Schwindel des Zweifels,
mein eigener so kleiner Verstand
bleibt im Dunkel.
Daher, mein Gott,
hast Du mich nicht allein
meinem Verstand überlassen wollen.

Du bist nicht der Ingenieur,
der die Maschine in Betrieb setzt
und dann an anderes denkt.
Du hast zu mir gesprochen,
Dein lebendiges Wort ist Mensch geworden.
Sprich, Jesus Christus, ich höre Dich:
«Euer Herz erschrecke nicht.
Glaubet an Gott, und glaubet an mich.
Im Haus meines Vaters sind viele Woh-
    nungen.
Wäre es nicht so, hätte ich es euch gesagt.

Ich gehe, um euch eine Wohnung zu be-
    reiten,
und wenn ich gegangen bin und euch eine
    Wohnung bereitet habe,
komme ich wieder und werde euch zu mir
    nehmen,
damit, wo ich bin, auch ihr seid.» (Joh 14).
Dies ist die Antwort Jesu, unseres Herrn,
auf die Unruhe der Menschen.

*Jacques Loew*

## Was heißt glauben?

An Christus glauben heißt, mit all seinen Gedanken und Regungen an ihn sich klammern
und ihn zu seinem Herrn machen, unbeküm-
mert um das, was dabei herauskommt. Ohne
Schielen auf Erfolg, auf Gesundung, auf Be-
freiung will man ihm gehören und es mit ihm
wagen. Glauben ist immer ein Wagnis. Schon
im Alten Testament lesen wir: «Abraham
glaubte Gott» – das heißt: Er wagte es mit
ihm, wohin er ihn auch führen mochte. Diese
resolute Hingabe an Christus mutet das
Evangelium uns zu.
Rudolf Alexander Schröder schreibt: «Immer wieder werden du und ich zweifeln und
zagen, wenn wir an unser Dasein denken;
aber immer wieder wird einer uns an die
Hand nehmen und uns zurufen: ‹Fürchte

dich nicht, glaube nur!›» In solcher Zuversicht können wir im mühseligsten Alltag
große Dinge erleben. Herrlichkeit Gottes
leuchtet oft in Elendswinkel hinein. Der
Glaubende weiß um Vergebung und um Ge-
borgenheit, so daß die Welt ihm nichts mehr
anhaben kann. Auch nicht der Tod. «Wer an
mich glaubt, der wird leben, auch wenn er
stirbt. Wer an mich glaubt, der *hat* das ewige
Leben.»

*Adolf Maurer*


## Ich glaube

Ich glaube an die Sonne, auch wenn sie nicht
    scheint.
Ich glaube an die Liebe, auch wenn ich sie
    nicht spüre.
Ich glaube an Gott, auch wenn ich ihn nicht
    sehe.

*Von einem jungen Juden an die Mauer des Warschauer Gettos*
*gekritzelt*


## Aus diesen Worten lebe ich

Mein bist du. Sei ohne Furcht. Ich rufe dich
bei deinem Namen. In meine Hand habe ich
dich geschrieben. Ich bin bei dir.

*Jes 43,1*

An diese Worte hänge ich mich.
Ich glaube.
Aus diesen Worten lebe ich.
Aus ihnen ertrage ich mein Dasein.
Sie sind mir Brücke über die Abgründe.
Seile am Abhang.
Wegweiser aus dem Dunkel.
Ich habe Schmerzen und erleide Qualen.
Aber ich glaube an *seine* Anwesenheit.
Ich trage es jetzt an *seinem* Kreuz.
Es drückt.
Ich stöhne, ich schreie auf.
Aber ich glaube.
Ich glaube, daß ich in seine Hand geschrieben
    bin;
daß *er* bei mir ist.

*Anton Gots*


## Gott ist bei mir

Ich glaube.
Ich glaube, daß ich nie allein bin.
Gott ist bei mir. Er ist mein Vater.
Er hat alles gemacht. Auch mich.

Ich glaube, daß ich niemals
so weit von Gott weglaufen kann,
daß es nicht einen Rückweg gäbe.

Ich glaube, daß Gott für mich
das Leben will und nicht den Tod,
die Freude und nicht die Traurigkeit,
und daß er bei mir ist
heute und in alle Ewigkeit.

*Junger Mensch von heute*

## Bitte um Stützung des Glaubens

Herr, darum bitte ich,
    daß Du meinen Glauben
    stützt und stärkst,
    auch sichtbar,
    auch spürbar.
Nicht um große Wunder bitte ich,
    sondern um kleine Zeichen
    Deiner Liebe,
    die unverkennbar sind.
Immer wieder hast Du sie gegeben,
    wenn alles schon trostlos,
    verfahren, am Ende schien.
Immer wieder hast Du meine Gebete erhört,
    hast wunderbar
    getröstet,
    geheilt,
    gerettet.

*Paul Roth*

## Gott ist mächtig

Gott ist mächtig.
Ist jemand unter uns, der seinem Lebens-
    abend
entgegengeht und den Tod fürchtet?
Warum diese Furcht?


Gott ist mächtig!
Ist jemand unter uns, der über den Tod eines
    geliebten Menschen verzweifelt ist?
Warum verzweifeln?


Gott kann die Kraft schenken,
das Leid zu tragen.
Sorgt sich jemand um seine schlechte Ge-
    sundheit?
Warum sich sorgen?


Komme, was mag. Gott ist mächtig!
Wenn unsere Tage verdunkelt sind
und unsere Nächte finsterer
als tausend Mitternächte,
so wollen wir stets daran denken,
daß es in der Welt eine große,
segnende Kraft gibt, die Gott heißt.
Gott kann Wege aus der Ausweglosigkeit
    weisen.

Er will das dunkle Gestern
in ein helles Morgen verwandeln –
zuletzt in den leuchtenden Morgen der Ewig-
    keit.

*Martin Luther King*

# 6 Vertrauen

Mein Gott,
auf Dich vertraue ich.
*Ps 25,2*

## Aus Psalm 31

Auf Dich, Herr, vertraue ich, laß mich nimmermehr zuschanden werden;
errette mich nach Deiner Gerechtigkeit,
neige Dein Ohr zu mir!
In Deine Hand befehle ich meinen Geist; Du erlösest mich, Herr, Du getreuer Gott . . .
Sei mir gnädig, Herr, denn mir ist so bange; zerfallen ist vor Gram mein Auge, meine Seele, mein Leib.
Ja, mein Leben schwindet hin in Kummer, und in Seufzen schwinden meine Jahre;
ermattet ist im Elend meine Kraft, und meine Gebeine zerfallen . . .
Ich aber vertraue auf Dich, o Herr; ich spreche: Du bist mein Gott. In Deiner Hand steht mein Geschick . . .
Laß dein Angesicht leuchten über Deinem Knecht, hilf mir durch Deine Gnade! . . .
Gepriesen sei der Herr; denn wunderbare Gnade hat er mir erwiesen in der Zeit der

Drangsal.
Ich aber wähnte in meiner Verzagtheit: «Ich
bin verstoßen aus Deinen Augen».
Fürwahr, du hast mein lautes Flehen erhört,
als ich zu Dir schrie.
Liebet den Herrn, alle seine Frommen!
Seid getrost und unverzagt, ihr alle, die ihr
des Herrn harrt!

## Aus Psalm 130

Aus der Tiefe rufe ich, Herr, zu Dir, höre auf
meine Stimme!
Laß Deine Ohren merken auf mein lautes
Flehen!
Wenn Du die Sünden anrechnest, Herr, wer
kann bestehen'
Doch bei Dir ist Vergebung, auf daß man
Dich ehre.
Ich hoffe auf Dich, o Herr, meine Seele hofft
auf Dein Wort.
Meine Seele harrt auf den Herrn, mehr als die
Wächter auf den Morgen . . .
Denn bei dem Herrn ist die Gnade, bei ihm
ist reichlich Erlösung.
Ja, er wird Israel erlösen von all seinen
Sünden.

## Trostverse aus Psalm 27

Der Herr ist mein Licht und mein Heil, vor wem sollte ich mich fürchten?
Der Herr ist meines Lebens Zuflucht, vor wem sollte ich erschrecken? . . .
Vernimm, o Herr, mein lautes Rufen, sei mir gnädig und erhöre mich!
Mein Herz denkt an Dein Wort: Suchet mein Antlitz! Dein Antlitz, Herr, will ich suchen . . .
Du warst meine Hilfe, verstoße mich nicht und verlaß mich nicht, Du Gott meines Heils! . . .
Ach, wenn ich nicht die Zuversicht hätte, die Güte des Herrn zu schauen im Land der Lebenden —!
Harre des Herrn! Sei getrost und unverzagt, und harre des Herrn!

## Was heißt hoffen?

Hoffen heißt, nicht aufhören,
in der Verzweiflung zu leben
und doch im Dunkeln zu singen.
Hoffen heißt wissen, daß es Liebe gibt,
heißt vertrauen auf das Morgen, heißt in
    Schlaf fallen
und wachwerden,
wenn die Sonne wieder aufgeht.
Heißt bei dem Sturm auf See
Land entdecken.
Heißt in den Augen des anderen
lesen, daß er uns verstanden hat.

Solange es noch Hoffnung gibt,
so lange gibt es Beten
und so lange wird dich Gott
in seinen Händen halten.

*Harrie J. M. Nouwen*

## Christus nimmt uns die Last der Vergangenheit ab

Christus ist der Todüberwinder schon da-
durch, daß er die Fessel löst, mit der wir an
unsere Vergangenheit gekettet sind.
Wenn er zu mir sagt: «Dir sind deine Sünden
vergeben», dann ist alles getilgt, was in meinem Leben, was in allem, was ich *hinter* mir
habe, unbewältigt ist. Dann gehört es nicht

mehr zu mir. Dann gibt es auf einmal einen Augenblick, in dem ich sagen kann: Nun darf ich meinen Weg noch einmal neu beginnen; denn nun hat sich *der* zu mir bekannt und mich bei der Hand genommen, über den der Tod keine Macht hat und der «meinen nichtigen Leib verklären wird, daß er ähnlich werde seinem verklärten Leibe».

Nun kann ich gelassen und unbeirrt meinen gegenwärtigen Lebensaugenblick auskosten. Ich brauche mich nicht mehr belastet zu fühlen von dem, was ich hinter mir habe: von den falschen Weichen, die ich gestellt habe, von dem, was ich schuldig *geblieben* und worin ich schuldig *geworden* bin, von allem, was ich nicht fertiggebracht habe und was unbewältigt geblieben ist.

Einer ist da, der es mit seiner gebietenden Hand weggewiesen hat und mir nun sagt: Es darf dich nicht mehr von mir trennen; ich habe diese deine Last auf *meinen* Rücken geladen. Gerade weil ich so *unter* dir und *für* dich gelitten habe, darum bist du mir teuer und darum habe ich dich lieb.

*Helmut Thielicke*


## Bitte um Erbarmen

Viel, viel sind meiner Tage
Durch Sünd entweiht gesunken hinab.

O großer Richter, frage
Nicht wie, o lasse ihr Grab
Erbarmende Vergessenheit
Laß, Vater der Barmherzigkeit,
Das Blut des Sohnes es decken.

Ach wenig sind der Tage
Mit Frömmigkeit gekrönt entflohn,
Sie sinds, mein Engel, trage
Sie vor des Ewigen Thron,
Laß schimmern die geringe Zahl,
Daß einstens mich des Richters Wahl
Zu seinen Frommen zähle.

*Friedrich Hölderlin (1770–1843)*

## Vertrauen worauf?

Ich habe darüber nachgedacht, ob ein Wort
zu finden wäre, in welchem sich die richtige
menschliche Haltung ausdrückte, und ich habe ein einziges gefunden: das Vertrauen.
Vertrauen worauf? Auf das Leben? Die Ord-
nung des Daseins? Jedes Abstraktum wäre
falsch; es muß vielmehr heißen: Auf Den, der
die Welt geschaffen hat, sie erhält und sie in
einem letzten Sinne regiert.
Das Entscheidende ist Gottes Gesinnung, die
es mit uns von Grund auf gut meint . . .
Darauf zu vertrauen, ist der einzige Schlüssel,
um bestehen zu können.

*Romano Guardini*

## Nimm mich auf!

Ewiger,
heiliger,
geheimnisvoller Gott.

Ich komme zu Dir.
Ich möchte Dich hören,
Dir antworten.

Vertrauen möchte ich Dir
und Dich lieben,
Dich und alle Deine Geschöpfe.

Dir in die Hände
lege ich Sorge,
Zweifel und Angst.

Ich bringe keinen Glauben
und habe keinen Frieden.
Nimm mich auf.

Sei bei mir,
daß ich bei Dir bin,
Tag um Tag.

Führe mich,
daß ich Dich finde
und Deine Barmherzigkeit.

Dir will ich gehören,
Dir will ich danken,
Dich will ich rühmen.

Herr, mein Gott.

*Jörg Zink*

## Du wirst mich nicht verlassen

Herr,
meine Seele müßte sich Deiner freuen mit
    jedem Morgen, den Du mir noch gönnen
    willst,
und mein Herz aufs neue Dir vertrauen, so
    oft ich des Abends mein Auge schließe!
Du vollendest, was Du anfängst –
Du wirst Deine Hand nicht von mir abzie-
    hen, solang ich atme,
und Deine Rechte wird mich nicht verlassen,
    bis ich im Sarg ruhe.

*Johann Kaspar Lavater (1741–1801)*

## Unsere Zukunft ist in ihm geborgen

Wenn wir in den dunklen Gang der Zukunft
schauen, in den wir hineinwandern, dann gibt
es da nur eine einzige Wirklichkeit, die auf
uns zukommt und zugleich schon bei uns ist,
und das ist Gott . . . Er trägt alles Kommende, er ist die einzige Brücke, über die wir
hinschreiten, wenn wir den gegenwärtigen

Moment verlassen; Er ist das Himmelszelt, in das unser Dasein hineinwächst wie ein Baum. Er ist das Strombett, in das wir uns ergießen. So sehen wir denn, daß wir diese unsere kommende Zeit und Dauer, unsere kommenden Jahre und Jahrtausende, unsere kommende Ewigkeit nur in ihm haben und aus ihm, und darum auch nur in ihn hineinlegen, nur ihm anvertrauen können!

Aber da sind sie auch wohlgeborgen, unsere kommenden Zeiten, da sind sie auf den festen Damm gestellt, der durch das Nichts hin sich erstreckt; da sind sie in die Hand gelegt, die den Faden der Zeit überhaupt schlingt. Wenn wir uns ihm anvertrauen und in die Hände fügen, dann vertrauen wir uns dem einzigen Wesen an, das unsere Zukunft nicht nur schon erkennt, sondern sogar trägt und mit sich führt, dem Wesen, das jetzt schon unsere kommenden Wege nicht nur sieht, sondern auf ihnen schon geht, das jetzt schon unter dem Himmel all unserer kommenden Jahre wohnt. Er allein kommt uns entgegen aus der großen ungeheuren Einsamkeit und Leere der Zukunft.

*Peter Lippert*

## Du bist bei mir

Alles kann die Nacht verschlingen,
und alles deckt der Nebel zu.
Aber in allen Ängsten bist Du bei mir.
Du, Gott, hältst meine Hand
und stützest meine Schulter.
Was sind da Nacht und Nebel?
Es gibt sie, aber Du bist auch da,
und die Trauer wandelt sich in Freude.
Wenn sich auch die Schultern krümmen
und der kalte Abend kommt:
Du bist bei mir, und ich spüre
Deine Zärtlichkeit . . .

*Pierre Griolet*

# 7  Liebe

Ich will Dich lieben, Herr.
*Ps 18,2*

## Aus Psalm 42

Wie der Hirsch lechzt an versiegten Bächen,
also lechzt meine Seele, Gott, nach dir!
Meine Seele dürstet nach Gott, dem lebendigen Gott.
Wann werde ich kommen und Gottes Angesicht schauen'
Tränen sind meine Speise geworden bei Tag
und Nacht, da man täglich zu mir sagt: «Wo
ist nun dein Gott?» . . .
Was bist du so gebeugt, meine Seele, und so
unruhig in mir?
Harre auf Gott; denn ich werde ihm noch
danken, ihm meinem Helfer und meinem
Gott.

## Aus Psalm 73

Ich bleibe immer bei Dir, Du hältst mich an
meiner Rechten. Du leitest mich nach Deinem Ratschluß und nimmst mich am Ende
auf in die Herrlichkeit.
Wen hätte ich im Himmel außer Dir?

Und wenn ich Dich habe, so wünsche ich
nichts auf Erden.
Mag Leib und Sinn mir schwinden, Gott ist
der Fels meines Herzens und mein Anteil auf
ewig.
Doch wer Dir fern ist, geht zugrunde . . .
Ich aber – Gott nahe zu sein ist mein Glück.
Ich setze auf Gott, den Herr, mein Vertrauen.

## Nur Du!

Der Berditschewer pflegte ein Lied zu singen,
in dem es heißt:

Wo ich gehe – Du!
Wo ich stehe – Du!
Nur Du, wieder Du, immer Du!
Du, Du, Du!
Ergeht's mir gut – Du!
Wenn's weh mir tut – Du!
Nur Du, wieder Du, immer Du!
Du, Du, Du!

Himmel – Du, Erde – Du,
Oben – Du, unten – Du,
Wohin ich mich wende, an jedem Ende
Nur Du, wieder Du, immer Du!
Du, Du, Du!»

*Aus den Erzählungen der jüdischen Chassidim*

## In Dir sein ist alles

In Dir sein, Herr, das ist alles.
Das ist das Ganze, das Vollkommene, das
   Heilende.
Die leiblichen Augen schließen,
die Augen des Herzens öffnen
und eintauchen in Deine Gegenwart.

Ich hole mich aus aller Zerstreutheit
   zusammen
und vertraue mich Dir an.
Ich lege mich in Dich hinein
wie in eine große Hand.

Ich brauche nicht zu reden, damit Du mich
   hörst.
Ich brauche nicht aufzuzählen, was mir fehlt,
ich brauche Dich nicht zu erinnern
oder Dir zu sagen, was in dieser Welt geschieht
und wozu wir Deine Hilfe brauchen . . .

In Dir sein, Herr, das ist alles,
was ich mir erbitte.
Damit habe ich alles erbeten,
was ich brauche für Zeit und Ewigkeit.
*Jörg Zink*

## Gott ist Liebe

Gott ist Liebe; und wer in der Liebe bleibt,
der bleibt in Gott und Gott in ihm.

*1 Joh 4,16*

Freunde, wo wir auch immer sein mögen mit
unserer Last, die uns drückt, und wohin wir
auch immer gehören mögen mit unserer Anfechtung, die uns quält: «Gott ist Liebe»; und
gerade als die Elenden und gerade als die
Bedrückten und Angefochtenen sollen wir's
von neuem hören lernen: «Er hat uns zuerst
geliebt», geliebt nicht mit einem freundlichen
Wohlwollen aus der Ferne, geliebt nicht mit
einem tröstenden Lächeln, das uns eine kommende Erlösung hoffen läßt, sondern geliebt
mit einer Liebe, die es nicht in der Ferne
aushielt und die nicht auf eine bessere Zukunft aufgespart blieb, sondern die zu uns
kam mitten hinein in das dunkle Tal und die
sich ausschüttete bis in die letzte Tiefe unserer einsamen Not – ja, *meiner*, ja *deiner* einsamsten Not – und diese Liebe heißt: Jesus
Christus, und in dem ist die Liebe *völlig* bei
uns . . .

*Martin Niemöller*

## Laß mich Dich lieben

Laß mich Dich lieben, mein Gott.
Was habe ich im Himmel, was außer Dir auf
    Erden,
Du meines Herzens Gott und mein Anteil in
    Ewigkeit?
Laß mich Dir anhangen.
Sei du, geliebter Herr, die Mitte meines
    Herzens,
reinige es, damit es Dich liebe.
Laß mein Glück sein Deine Seligkeit,
Deine Schönheit, Deine Güte und Heiligkeit.
Sei immer mit mir,
und wenn ich versucht bin, Dich zu lassen,
dann, mein Gott, laß Du mich nicht.
Laß mir nur eines: Deine Liebe.
Laß sie in mir wachsen;
Deine Liebe ist das Höchste und höret nim-
    mer auf,
und ohne sie bin ich nichts.
Laß mich einmal durch die Liebe mit Dir
    vereint sein
ewiglich.

*Karl Rahner*

## Ein Gebetsversuch als Einübung für das Abendgebet des Lebens

Allmächtiger, Ewiger Gott: Du bist ein liebender Gott! Gegen alle Widerstände meines Herzens möchte ich das glauben. Mein langes Leben bezeugt es, wenn ich es kurz überschaue: «In wieviel Not hat nicht der gnädige Gott über dir Flügel gebreitet?» – Ich bin selber mit meinem Altsein ein lebendiger Zeuge Deiner Liebe und Treue.

Ich habe auch viel Bitteres erlebt, viele Enttäuschungen. Zuweilen meinte ich, daß auch auf Dich kein letzter Verlaß sei. Ich habe zeitweise den Glauben und das Vertrauen verloren. Oder waren sie doch nur verschüttet? Du hast mir den Glauben und das liebende Vertrauen neu geschenkt. Ich danke Dir, daß ich alt werden durfte. Das Altsein erst hat mich einfach, demütig, bescheiden gemacht.

Ich habe früher zu viel von Dir gefordert. Jetzt lasse ich mich einfach beschenken wie ein Kind.

*Josef Eger*

## Gebet der Hingabe

Mein Herr und mein Gott,
nimm alles von mir,
was mich hindert zu Dir!

Mein Herr und mein Gott,
gib alles mir,
was mich fördert zu Dir!

Mein Herr und mein Gott,
nimm mich mir
und gib mich ganz zu eigen Dir!

*Nikolaus von Flüe (1417–1487)*

# 8 Mit anderen leben

Wir sind vom Tod
zum Leben übergegangen,
weil wir die Brüder lieben.
*1 Joh 3,14*

## Zuspruch der Heiligen Schrift

Ein neues Gebot gebe ich euch: Liebt einander; wie ich euch geliebt habe, so sollt auch ihr einander lieben.
Daran werden alle erkennen, daß ihr meine Jünger seid, wenn ihr Liebe habt zueinander . . .

Das ist mein Gebot: Liebt einander, wie ich euch geliebt habe! Es gibt keine größere Liebe als die, wenn einer sein Leben gibt für seine Freunde . . .
Dies trage ich euch auf: Liebt einander!
*Aus den Abschiedsreden Jesu im Johannesevangelium*

Liebe Brüder, wir wollen einander lieben; denn die Liebe ist aus Gott, und jeder, der liebt, stammt von Gott und erkennt Gott . . .
Denn dies ist die Botschaft, die ihr von Anfang an gehört habt: Wir sollen einander lieben . . .

Wir wissen, daß wir aus dem Tod in das Leben hinübergegangen sind, weil wir die Brüder lieben . . .
Wer nicht liebt, bleibt im Tod . . .
Die Liebe haben wir daran erkannt, daß er sein Leben für uns gegeben hat. So müssen auch wir das Leben hingeben für die Brüder . . .

*Aus dem Ersten Johannesbrief*

## Wir und unsere Weggenossen

Mitchrist, mein Bruder, der du an ein anderes
Leben glaubst, wenn du dein Leiden nicht
mehr länger zu ertragen vermagst,
      lächle deinem Bruder zu!
Wenn dir die Zukunft Sorgen macht,
      sprich deinem Nachbarn Mut zu!
Wenn du von den Freunden enttäuscht
      wirst,
      schenk deine Freundschaft dem, der sie
      nötig hat!
Kreise nicht immer um deine Sorgen!
Kaue nicht allzusehr an deinen Problemen
      herum!
Mach dir nicht zuviel Sorgen im Hinblick auf
      morgen!
Lauf nicht immer im Kreis herum wie ein
      Häftling!

Siehst du nicht die Augen um dich herum,
      die einen Blick, ein Lächeln, ein ermuti-
      gendes Wort von dir ersehnen?
Lebe doch nicht wie die, die keine Hoffnung
      haben!
Aus jeder wenn auch noch so kleinen Geste
      der Liebe erwächst Leben, Liebe und
      Hoffnung.
Klammere dich an diese Gewißheit,
      und teile sie deinen Brüdern mit!

*Arsène Garnier*

## Herr, nur gerade heute

Herr, mein Gott,
Laß mich nur gerade heute jedem Menschen,
der in mein Dasein tritt, ein dankbares Lächeln oder ein liebendes, tröstendes oder vielleicht sogar ein stärkendes Wort mitgeben.
Laß mich nur gerade heute ein inniges, liebendes und gebetsvolles Gedenken für alle
meine Mitmenschen haben, seien sie mir persönlich nahe oder fern.
Ja, mein Gott und mein Alles, laß mich nur
gerade heute Dir alles übergeben, was es auch
immer sein mag.
Laß mich nur gerade heute einfach mit meinem ganzen Wesen Dein Eigen sein. – Amen.

*Walther Hunziker*

## Was könnten wir diese Woche tun?

Was könnten wir diese Woche tun? Als Christen? Wir könnten uns diese Woche ein wenig Mühe geben, freundlich von den Menschen zu denken. Nicht bloß von jenen, die
wir gerne haben und die uns angenehm sind,
sondern von allen, auch von denen, die uns
auf die Nerven gehen, uns zuwider sind, die
uns überlegen sind, die gescheiter, reicher,
schöner, erfolgreicher sind als wir, sogar denen, die gegen uns unfreundlich sind, uns vor
der Sonne stehen, die uns schikanieren und

unrecht tun. Gegen alle diese sollten wir etwa
so denken, daß wir ihnen aufrichtig «Guten
Tag» oder «Guten Abend» sagen und dabei
wirklich wünschen, sie möchten einen guten
Tag erleben und einen schönen Abend be-
kommen. Der Wunsch sollte so aufrichtig
sein, daß wir ihnen tatsächlich einen guten
Tag zuteilen würden, wenn wir zu bestim-
men hätten. Können wir das, wenn wir ihnen
am liebsten einen schlechten Tag zuteilen
möchten und daß es ihnen nicht gut gehe?
Gerade darin liegt's, daß wir nicht wünschen,
wie wir am liebsten möchten, sondern wie
wir sollten. Und wie wohlriechender Weih-
rauch steigt es auf, wenn wir beten: «Ach
Gott, Du weißt, wie mir dieser Mensch zu
schaffen macht, aber trotzdem bitte ich Dich,
segne ihn, leite ihn zu allem Guten, bewahre
ihn vor unrechtem Tun, und mache ihn
glücklich.»
Probier's einmal diese Woche; man muß
solche Gedanken pflegen, sie kommen nicht
von selber. Aber wenn man sich dazu auf-
rafft, dann kann man am Abend lachen, weil
man das Böse durch das Gute überwunden
hat.

*Franz Christian Blum*

## Des anderen Last tragen

Einer trage des anderen Last,
so werdet ihr das Gesetz Christi erfüllen.
*Gal 6,2*

Des anderen Last tragen, was bedeutet das?
Das bedeutet: versuchen, ihm das Leben
leichter zu machen, also ihm Freude zu
schenken, denn die Freude bringt gerade ein
Gefühl der Erleichterung. Die Freude bringt
Lust zum Tanzen. Man tanzt nicht mit einer
Last auf dem Rücken. Laßt uns den anderen
Freude geben und vernachlässigen wir nicht
die kleinen Freuden, jene, die, obwohl die
einfachsten und nach außen hin die unschein-
barsten, oft diejenigen sind, welche die anderen am besten empfinden lassen, daß wir sie
achten und wertschätzen: ein Beweis des In-
teresses, eine Anerkennung, ein liebes Wort,
ein Lächeln. Es sind kleine Dinge, aber sie
machen das Leben leichter. Denn was ist eigentlich eine gute Tat? «Das ist», sagte Mo-
hammed, «eine Tat, die auf dem Antlitz eines
anderen ein Lächeln aufscheinen läßt.» Vollziehen wir jene Taten, die auf dem Antlitz
eines anderen ein Lächeln aufscheinen lassen.
Wir werden dabei selbst die Freude finden.

*Pius-Aimone Reggio*

## Nicht nebeneinander, sondern miteinander

Herr, hilf uns,
daß wir nicht nebeneinander leben,
sondern miteinander leben.
Laß Gleichgültigkeit und Egoismus
in den Hintergrund rücken,
damit wir die Menschen neben uns sehen.
Sie brauchen uns.

*Junger Mensch von heute*

## Einander ertragen

Ertraget einander wenn einer sich über den
anderen zu beklagen hat.

*Kol 3,13*

Herr, wie sie mich müde machen! Wie sie mir
auf die Nerven gehen, die Du mir zu Brüdern
gabst.
Meine Brüder . . . Sie sind nicht immer ver-
gnüglich. Und dann sind sie vor allem auch
anders. Und das ist das Schwerste.
Sie sind anders, jeder verschieden, und jeder
ladet mir etwas Besonderes auf, etwas ganz
Eigenes, was mich belästigt, in meiner Ruhe
stört oder mir weh tut.
Jeder verlangt von mir, daß ich etwas zuge-
ben soll.
Und es ist gar nicht so leicht zuzugeben . . .,

daß die anderen anders sind.
Jeder von ihnen fordert Verständnis von mir.
Und ich hab gar nicht immer Lust dazu,
Herr. Es macht einen müde.
Jeder von ihnen fordert Liebe von mir. Daß
ich ihn aufnehme, wie er eben ist. Selbst wenn
ich das peinlich empfinde, aufreizend, lächer-
lich . . .
Herr, laß nicht zu, daß ich mich den anderen
verschließe. Laß mich nie sagen: «Ich verstehe euch nicht», und mich umdrehen und
friedlich in mein bequemes Heim gehen, an
dem die anderen keinen Anteil haben.
Laß mich niemals den anderen eine Etikette
anhängen wie im Museum, eine Tafel zur
Belehrung: «Der ist so oder jener so.» Bewahre mich davor, meine Brüder zu klassifizieren.
Hilf mir vielmehr, im Antlitz eines jeden von
ihnen die verwischten Züge des Kindes wie-
derzufinden, das er einst gewesen.
Dann und nur dann, Herr, werde ich «verstehen».

*Lucien Jerphagnon*


## Immer wieder neu beginnen mit Menschen

Gott, jeder Tag bedeutet einen neuen Beginn
    mit Menschen,
die man nicht versteht und nicht leiden mag,
weil sie nicht so sind, wie man selbst ist.

Hilf uns zu besserer Einsicht,
damit wir sie verstehen
und gern haben können.
Manchmal sind es ganz oberflächliche Dinge,
die wir ihnen übelnehmen und die uns ab-
stoßen.

Hilf uns, jeden zu mögen, ihm zu helfen,
ihn nicht auszustoßen und ihn schätzenzu-
lernen.

*Junge Christin von heute*

**Hilf mir lieben!**

Herr,
ich gehöre zu den Menschen, die man alt
nennt.
Ich lebe im Abend. Bald wird es Nacht sein.
Laß mich nicht allein bei den letzten
Schritten.

Mein Leben hatte einmal Wert und Sinn.
Ich habe gearbeitet, gelitten und gewirkt.
Was ich getan habe, rückt in die Ferne.
Ich bitte Dich, mich vor Bitterkeit zu bewahren,
vor der Sucht, mein Wissen und Können zu
beweisen,
vor der Gefahr, zu behaupten, es sei alles
richtig gewesen.

Ich möchte loslassen lernen.
Ich möchte mich auf nichts verlassen als auf
    Deine Güte.
Laß Du mich nicht los!

Meine Kräfte lassen nach.
Krankheiten zehren mich aus.
Der Tod steht vor mir, unausweichlich.
Ich bitte Dich, mich vor Verhärtung zu
    behüten,
vor dem Ausweichen in Illusionen,
vor der Suche nach falschen Hoffnungen.
Ich möchte annehmen, was Du sendest,
daß ich eine neue Stufe betrete
und bereit bin, wenn Du mich verwandelst.

Mitten unter den Menschen habe ich gelebt.
Nun werde ich einsam. Meine Freunde
    sterben.
Niemand braucht mich. Jeder geht seinen
    Weg.
Ich bitte Dich, zu helfen,
daß ich mich nicht verschließe
und doch nicht überall mitrede
und daß ich kein Mitleid pflege mit mir selbst.
Ich möchte aus der Stille wirken können,
für andere Menschen eintreten vor Dir.
Gib mir die Worte dafür.
Ich bin in Deiner Liebe geborgen.
Hilf mir lieben.

*Jörg Zink*

# 9   Sich freuen

Freut euch allezeit!
*1 Thess 5,16*

## Zuspruch der Heiligen Schrift

Der Gerechte darf jubeln und fröhlich sein.
*Spr 29,6*

Dienet dem Herrn in Freude!
*Ps 100,2*

Freut euch im Herrn zu jeder Zeit!
Noch einmal sage ich euch: Freut euch!
*Phil 4,4*

Die Freude am Herrn ist unsere feste Burg.
*Neh 8,10*

## Schenke uns jeden Tag ein wenig Freude!

Himmlischer Vater,
schenke uns jeden Tag ein wenig Freude.
Schicke uns jemand mit einem kleinen
    Lächeln,
einem aufmunternden Wort,
einem hellen Blick über den Weg.
Laß einen langerwarteten Brief kommen,
einen geliebten Menschen gesund werden,
ein Mißverständnis sich aufklären.
Zeige uns jeden Tag etwas Schönes:
eine blühende Blume,
einen tapferen Menschen,
eine gute Tat.
Daß wir davon froh werden.
*Paul Roth*


## Freude am Dasein

Wer Ohren hat, zu hören, der kann um diese
Jahreszeit etwas Wunderbares in unserer
Stadt erleben. Am frühen Morgen, wenn es
leise anfängt, zu tagen, oder am Abend in der
Dämmerung, singt wieder eine Amsel. Zu-
oberst auf einem Kastanien- oder Lindenbaum oder auf einem Hausgiebel sitzt sie und
singt, was sie singen mag: so froh und selig,
wie aus einem übervollen Herzen, wie aus
einem Herzen, das vor Glück und Ahnung
fast weinen möchte . . .

Am ergreifendsten dünkt es mich immer,
wenn es regnet und eine Amsel unverdrossen
ihre Melodien singt.

Warum singt wohl so eine Amsel in den Morgen
oder in den Abend oder in den Regen
hinaus? Warum? Um in deinem Herzen den
Gedanken an den gütigen Schöpfer zu wekken.
Gewiß sitzt die Amsel nicht auf dem
Dachgiebel, um dir zu singen; sie weiß ja
wohl nicht, daß sie so schön singt. Sie wird
singen, weil es ihr wohl ist und sie sich ihres
Lebens freut. Hat aber nicht unser Herr gesagt:
«Betrachtet die Vögel des Himmels»?
Ich mag mir gut denken, daß wir auch einmal
in der ewigen Seligkeit so selbstvergessen wie
eine Amsel auf dem Dachgiebel nach Herzenslust
singen und jubeln aus lauter Freude,
daß wir da sind und daß es uns so gut geht.
Hörst du eine Amsel singen, so halt ein wenig
an und lausche. Vieleicht kommt dir der Gedanke,
daß du dich auch mehr freuen solltest,
da zu sein und darob zu jubeln, auch wenn es
in deinem Leben regnet, und deinem Schöpfer
danken.

*Franz Christian Blum*

## Alles Schöne ist ein Schimmer von Dir

Alles, was wahr ist,
was gut, was schön,
was lustbringend in Deinen Geschöpfen,
soll uns an Dich,
o Schöpfer, erinnern.
Für alle Deine Geschenke
laß uns Dir danken;
jeder, auch der kleinste Abglanz Deiner Fülle
soll uns freuen.
Laß uns aber auch nicht vergessen,
daß alles Schöne und Liebenswerte
in Deiner Schöpfung
eine Vorahnung dessen ist,
was wir beim Anblick Deines Wesens
in der Ewigkeit erfahren sollen.

*Theologe – Tschechoslowakei*

## Ewiger Frühling

Man redet für gewöhnlich so, als ob die andere Welt nicht jetzt, sondern erst nach dem
Tod Gegenwart wäre. Aber nein, sie ist jetzt
da, obschon wir sie nicht sehen; sie ist mitten
unter uns und umschließt uns . . .
Mögen dies eure Gedanken sein, meine Brüder, besonders zur Frühlingszeit, wenn das
ganze Antlitz der Natur so reich und schön
ist . . . Diese Erde, die nun knospet zu Blät-
tern und Blüten, wird eines Tages hervorbre-
chen wie in eine neue Welt von Licht und
Glanz . . . Wer würde auf den Gedanken
kommen, wäre nicht seine Erfahrung vergangener Lenze sein ganzes Leben hindurch –
wer hätte es zwei oder drei Monate zuvor
fassen können, daß das Antlitz dieser schein-
bar so leblosen Natur so herrlich und farben-
reich werden könnte? . . .
So ist es mit dem Kommen jenes Ewigen
Frühlings, auf den alle Christen harren.
Kommen wird er, wenngleich er zögert. Und
obgleich er zaudert, laßt uns auf ihn warten,
denn «er wird sicher kommen und nicht zau-
dern» (Hebr 10,37).

Darum sprechen wir Tag für Tag: «Dein Reich komme!» und wollen damit sagen: Herr, zeige Dich, offenbare Dich! . . .
Die Erde, die wir sehen, . . . sie ist nur ein Anfang, sie ist nur eine Verheißung von etwas, was jenseits von ihr ist. Gerade wenn sie am heitersten in all ihrem Blütenschmuck ist und am greifbarsten zeigt, was in ihr verborgen ist, ist sie uns doch nicht genug. Wir wissen, es liegt viel mehr in ihr verborgen, als wir sehen.

Leuchte durch, Herr . . .!
Laß Deine Herrlichkeit aufblühen wie Blüten
    und Blätter der Bäume! . . .
*John Henry Newman (1801–1890)*


## Für viele

Wieviel Schönheit ist auf Erden
unscheinbar verstreut;
möcht ich immer mehr des inne werden;
wieviel Schönheit, die den Taglärm scheut,
in bescheidnen alt und jungen Herzen!
Ist es auch ein Duft von Blumen nur,
macht es holder doch der Erde Flur
wie ein Lächeln unter vielen Schmerzen.
*Christian Morgenstern*

## Herr, höchste Schönheit

Herr, höchste Schönheit, Du hast vom Glanz
Deiner Schönheit ausgegossen in die Blumen,
in die Sterne, in das Farbenspiel der Natur,
über den Boden dieser Erde, in das Antlitz
und die Gestalt des Menschen. Und Du hast
uns die Augen gegeben, um die Lichter Deiner Schönheit aufzufangen durch das Schaffen und Erfassen menschlicher Schönheit und
Kunst, und von ihnen aus aufzusteigen zu
Dir, der ewigen Schönheit.
Herr, höchste Schönheit, gib uns die Augen
des Geistes, um in allem Schönen Dich zu
erahnen!

*August Berz*


## Gebet um Humor

Schenke mir eine Seele,
der die Langeweile fremd ist,
die kein Murren kennt
und kein Seufzen und Klagen,
und lasse nicht zu,
daß ich mir allzuviel Sorgen mache
um dieses sich breit machende Etwas,
das sich «Ich» nennt.

Herr, schenke mir Sinn für Humor.
Gib mir die Gnade,
einen Scherz zu verstehen,
damit ich ein wenig Glück kenne im Leben
und anderen davon mitteile.

*Thomas Morus (1478–1535)*

## Du bist der Gott der Freude

Herr, Du willst nicht,
daß wir finster über die Welt gehen,
daß wir jammern,
weil wir eben im «Jammertal» leben.
So hast du es nicht gemeint,
nicht gewollt,
nicht gesagt.
Die Frohbotschaft soll uns froh machen –
Denn Du bist der Gott der Freude,
hebst uns hinaus aus dem Jammer,
schenkst uns die Welt neu,
gibst mir Deine Nähe,
Deine Hilfe,
Deinen Trost,
gibst Dich . . .

*Paul Roth*

# 10  Licht ausstrahlen

Laßt euer Licht leuchten!
*Mt 5,16*

## Zuspruch der Heiligen Schrift

Ihr seid das Licht der Welt . . .
Man zündet nicht eine Lampe an und stellt sie
    unter einen Eimer,
sondern man stellt sie auf den Leuchter;
dann leuchtet sie allen im Haus.
So soll euer Licht vor den Menschen leuch-
    ten, damit sie eure guten Taten sehen und
    euren Vater im Himmel preisen.
*Mt 5,13–16*

Seid Kinder Gottes ohne Makel
mitten in einer verwirrten und verdorbenen
    Generation,
unter der ihr wie Himmelslichter im Weltall
    leuchtet.
*Phil 2,15*

Ihr waret einst Finsternis, nun aber seid ihr
    Licht im Herrn. Lebt als Kinder des
    Lichts!
Das Licht aber bringt lauter Güte, Gerechtig-
    keit und Wahrheit hervor . . .
*Eph 5,8–9*

## Die Kerze

Das ist ein Gleichnis, schön und stark vor vielen: die Kerze. Ich sage dir wohl nichts Neues; gewiß hast du es schon oft empfunden.

Sieh, wie sie auf dem Leuchter steht . . .

Oben schwebt die Flamme, und darin wandelt die Kerze ihren reinen Leib in warmes, strahlendes Licht.

Fühlst du vor ihr nicht etwas ganz Edles erwachen? Sieh doch, wie sie steht, wankellos auf ihrem Platz, hoch aufgerichtet, rein und adelig. Spüre, wie alles an ihr spricht: «Ich bin bereit!» Wie sie steht, wo es gilt, vor Gott. Nichts an ihr flieht, nichts biegt aus. Alles klare Bereitschaft.

Und sie verzehrt sich in ihrer Bestimmung unaufhaltsam zu Licht und Glut.

Du sagst vielleicht: «Was weiß die Kerze davon? Sie hat doch keine Seele!»

So gib du sie ihr!

Laß sie zum Ausdruck der deinen werden. Laß vor ihr alle edle Bereitschaft erwachen: «Herr, hier bin ich!» Dann empfindest du ihr schlankes, reines Dastehen als Ausdruck deiner eigenen Gesinnung. Laß alle deine Bereitschaft zu rechter Treue erstarken. Dann fühlst du: «Herr, in der Kerze dort steh ich vor Dir!»

Laufe deiner Bestimmung nicht weg. Harre
aus. Frag nicht immer nach Warum und Wozu. Es ist der tiefste Sinn des Lebens, sich in
Wahrheit und Liebe für Gott zu verzehren,
wie die Kerze in Licht und Glut.

*Romano Guardini*

## Leuchte durch mich!

Bleibe bei mir!
Dann werde ich selber auch leuchten, wie Du
geleuchtet hast, werde andern ein Licht sein.
All dieses Licht ist von Dir, o Jesus . . .
Du bist es, der durch mich andern leuchtet.
Gib, daß ich Dich so verherrliche, wie es Dir
am besten gefällt: indem ich allen um mich
leuchte!
Gib ihnen Licht, so gut wie mir!
Erleuchte sie durch mich und mit mir!
Lehre mich, Dein Lob, Deine Wahrheit und
Deinen Willen kundzutun!
Gib, daß ich Dich verkünde, auch ohne zu
predigen – nicht durch Worte, sondern durch
mein Beispiel, durch die weiterwirkende
Kraft und den gewinnenden Einfluß dessen,
was ich tue – durch meine sichtbare Ähnlich-
keit mit Deinen Heiligen und die offenbare
Fülle der Liebe, die mein Herz für Dich
bewegt!

*John Henry Newman (1801–1890)*

## Zusammen zu Gott gehen

Weißt du, welches der beste Dank dafür ist, daß du selber glauben kannst und darfst? Weißt du, womit du deinen eigenen Glauben am besten erhalten und bestärken kannst? Indem du in andern den Glauben zu wecken und zu stärken suchst. Du hast solange noch nicht erfaßt, was Wertvolles es um deinen Glauben ist, als du nicht darunter leidest, daß andere diesen Glauben noch nicht besitzen, und nicht darum betest, daß ihnen das Geschenk des Glaubens zuteil wird.

Wir bewahren unsern Glauben, indem wir ihn weiterschenken. Wir mehren unsern Glauben, indem wir ihn mit andern teilen. Geteilter Glaube ist doppelter Glaube, könnte man sagen.

Man kann nicht für sich allein Christ sein. Christsein heißt, Verantwortung tragen für andere.

«Wir müssen zusammen selig werden.
Wir müssen miteinander zum lieben Gott gelangen, miteinander vor ihn hintreten.
Wir sollten nicht einer ohne den andern dem lieben Gott begegnen.
Wir sollten alle zusammen in das Haus unseres Vaters zurückkehren.

Wir sollten auch ein wenig an die andern
  denken: ein wenig sollte einer für den andern arbeiten.
Was würde er uns wohl sagen, wenn wir einer
  ohne den andern zurückkehrten?»
  (Charles Péguy)
*August Berz*

## Mach mich zu einem Werkzeug Deines Friedens!

O Herr, mach mich zu einem Werkzeug Deines Friedens:
daß ich Liebe übe, wo man einander haßt,
daß ich verzeihe, wo man einander beleidigt,
daß ich verbinde, da wo Streit ist,
daß ich die Wahrheit sage, wo der Irrtum
  herrscht,
daß ich den Glauben bringe, wo der Zweifel
  drückt,
daß ich die Hoffnung wecke, wo Verzweiflung quält,
daß ich Dein Licht anzünde, wo die Finsternis regiert,
daß ich Freude mache, wo der Kummer
  wohnt.

*Franz von Assisi (1182–1226)*

## Laß mich Dein Werkzeug sein!

Gott Vater, Schöpfer,
laß mich ein Werkzeug Deiner Allmacht
    sein!
Schaffe in mir weiter im Werk meiner Hände.

Gott Sohn, Erlöser.
laß mich ein Werkzeug Deiner Liebe und
    Deines Leidens sein!
Liebe in mir weiter in der Güte meines
    Herzens,
leide in mir weiter im Schmerz meines
    Lebens.

Gott Geist, Heiligmacher,
laß mich ein Werkzeug Deiner Gnade,
Deines Heilwirkens sein!
Heilige in mir weiter, mich selbst und durch
    mich
die Menschen, die mir anvertraut und nahe
    sind.

*August Berz*

## Daß alle Dich sehen – auch in mir

Du, der über uns ist,
Du, der einer von uns ist,
Du, der *ist* –
auch in uns;
daß alle Dich sehen – auch in mir,

daß ich den Weg bereite für Dich,
daß ich danke für alles, was mir widerfuhr.
Daß ich dabei nicht vergesse der anderen
    Not.
Behalte mich in Deiner Liebe,
so wie Du willst, daß andere bleiben in der
    meinen.
Möchte sich alles in diesem meinem Wesen
    zu Deiner Ehre wenden,
und möchte ich nie verzweifeln.
Denn ich bin unter Deiner Hand,
und alle Kraft und Güte sind in Dir.
*Dag Hammarskjöld*

## Der Kranke als ein Licht im Herrn

Nein, du bist nicht allein, nicht aus der Welt,
dem Leben gerissen oder verbannt, niemand
ist ihnen so nah wie der Kranke. Er kann am
wenigsten entbehrt werden. Eine jede Stunde, die er trägt als ein Licht im Herrn, ist ein
Gebet, eine Hilfe, und sobald er einmal mit
seinen Wünschen, seiner Ergebung, seiner
Liebeskraft das Krankenzimmer durchbro-
chen hat, wird er auch spüren, daß Hilfe zu
ihm kommt ... Vom Kreuz gehen Strahlen
aus bis zum fernsten und einsamsten Leiden
und weit über die Welt hinaus zu den Toten;
es ist die Mitte der Welt, aber der ganzen
Welt, des Diesseits und Jenseits; ihr sind die

Kranken am nächsten. Sie sind wirklich beim
Arzt, der alle heilt – vielleicht nicht, indem er
die Krankheit nimmt, aber indem er die Liebe
erneuert und reinigt und stark macht. Vom
Zimmer des Kranken will die Liebe Christi
ausgehen . . . Dieses Leid will erbracht werden, damit der Kranke Licht werde, ein Teilchen des Lichtes, ohne das Menschen und
Völker sich nicht mehr zurechtfinden würden. Der Kranke muß da sein und bleiben,
harren und hoffen; er ist der, zu dem der
Herr gekommen ist und immer wieder
kommt: der, an dem, wie der Herr gesagt hat,
Gottes Herrlichkeit offenbar werden soll.

*Reinhold Schneider*

O Herr, das ist die frohe Botschaft, die Du
allen gebracht hast, daß nach jedem Karfrei-
tag ein Ostern kommt. Daß alles Leiden eine
Quelle des Segens ist, und der Tod selbst der
Samen neuen Lebens für jeden, der sich an
Dich hält. Das lehre mich verstehen. Laß die
Überzeugung in mir lebendig werden, wenn
die trüben Stunden kommen. Dann werde
ich erfahren, daß ich so das Leiden nicht nur
ertragen, sondern auch überwinden kann.
In Dir will ich mich ihm gewachsen fühlen;
inne werden, wie aus jeder tapfer erkämpften
Leidensstunde die Seele stärker hervorgeht,
aus jeder durchschrittenen Finsternis ein

Strahl Osterlicht hervorleuchtet. Und daß, wer so mit Dir lebt und leidet, auch in der Bitterkeit Teil hat an Deinem Frieden.

*Romano Guardini*

## Vorangehen

Und wenn mir nichts erspart bliebe von der Prüfung des Abstieges – alle Stufen der Demütigung: Das Nicht-mehr-erfreulich-sein – das Nicht-mehr-nötig-sein – das Zur-Last-fallen –, ich kenne keinen höheren Wunsch, als daß es mir gegeben werde, dieses letzte, schwerste Stück so zu vollbringen, daß es meinen Lieben nützen kann. So möchte ich ihnen diesen Weg vorangehen können, daß er für sie alle Schrecken verlöre.

*Maria Waser*

# 11   Dank

Sei dankbar gegen Gott
in jeder Lage!
*Tob 4,20*

## Psalm 103

Lobe den Herrn, meine Seele,
   und alles in mir seinen heiligen Namen!
Lobe den Herrn, meine Seele,
   und vergiß nicht, was er dir Gutes getan
   hat:
der dir all deine Schuld vergibt
   und all deine Gebrechen heilt;
der dein Leben vor dem Untergang rettet
   und dich mit Huld und Erbarmen krönt;
der dich dein Leben lang mit seinen Gaben
   sättigt;
   wie dem Adler wird dir die Jugend erneuert . . .

Er handelt an uns nicht nach unsern Sünden
   und vergilt uns nicht nach unsrer Schuld.
Denn so hoch der Himmel über der Erde ist,
   so hoch ist seine Huld über denen, die ihn
   fürchten.

So weit der Aufgang entfernt ist vom Untergang,
  so weit entfernt er die Schuld von uns.
Wie ein Vater sich seiner Kinder erbarmt,
  so erbarmt sich der Herr über alle, die ihn
  fürchten.

Denn er weiß, was wir für Gebilde sind;
  er denkt daran: Wir sind nur Staub.
Des Menschen Tage sind wie Gras,
  er blüht wie die Blume des Feldes.
Fährt der Wind darüber, ist sie dahin!
  der Ort, wo sie stand, weiß von ihr nichts
  mehr.
Doch die Huld des Herrn währt immer und
  ewig
  für alle, die ihn fürchten und ehren . . .

Lobt den Herrn, all seine Werke,
an jedem Ort seiner Herrschaft!
  Lobe den Herrn, meine Seele!

## Gott, ich danke Dir, daß Du bist

Gott, ich danke Dir, daß Du bist.
Diese Worte sind wohl nicht der rechte Ausdruck für das, was ich sagen möchte, aber ich
finde keine besseren. Ich möchte Dir das
Schönste und Beste sagen, was so ein Men-
schengeschöpf Dir und Dir allein zu sagen
vermag. Von allem, was ich von Dir weiß,
dünkt mich das Größte und Erstaunlichste,
daß Du bist, daß es gar nicht anders sein
kann, als daß Du bist; ja, daß gar nichts Dein
Wesen so deutlich erfaßt wie die Worte «Du
bist».
Ohne Anfang und Ende und Grenze bist Du.
Und allen Dingen gibst Du mehr oder weniger davon. Soviel Du ihnen gibst, soviel sind
sie auch: die Sonne, unsere Erde, der kurzle-
bige Mensch, die Eintagsfliege, das Meer, das
Sandkorn, die Rose. Alles hat sein Leben von
Dir; Du aber bist aus eigener Kraft, bist aus
Dir selber, bist einfach. Und wenn es auch ein
einfältiges Gestammel ist, so dank ich Dir, o
Gott, doch von ganzem Herzen, daß Du bist.
*Franz Christian Blum*


## Herr, ich danke Dir, daß ich sein darf

Versuchen wir doch, im Gebet die Wahrheit
zu vollziehen: «Herr, ich danke Dir, daß ich
sein darf!»

Das wird schwer, wenn das Dasein drückt;
und dennoch, sein zu dürfen, atmen, denken,
lieben, handeln zu dürfen ist Gabe, und dafür
soll man danken. Das macht wahr und löst.
Je reiner und tiefer wir das tun; je mehr es uns
gelingt, auch das Schwere, Bittere, nicht zu
Verstehende in den Dank hineinzunehmen,
desto tiefer wandelt sich das Grundgefühl des
Daseins in das der Freiheit.

*Romano Guardini*

## Nun danket alle Gott!

Nun danket alle Gott mit Herzen, Mund und
    Händen,
Der große Dinge tut an uns und allen Enden,
Der uns von Mutterleib und Kindesbeinen an
Unzählig viel zu gut und noch jetzund getan.

Der ewig reiche Gott woll uns bei unserem
    Leben
Ein immer fröhlich Herz und edlen Frieden
    geben,
Und uns in seiner Gnad erhalten fort und
    fort,
Und uns aus aller Not erlösen hier und dort.

Lob, Ehr und Preis sei Gott, dem Vater und
    dem Sohne
Und dem, der beiden gleich im höchsten
    Himmelthrone.

Dem dreieinigen Gott, als der ursprünglich
  war
Und ist und bleiben wird jetzund und immerdar.

*Martin Rinkart (1586–1649)*

## Vom Leben aufstehen

Die Bibel sieht ein Zeichen des Segens Gottes
darin, daß ein Mensch alt werden darf, daß er
Kinder und Enkel sieht, daß er weise wird
und endlich lebenssatt stirbt, daß er also vom
Leben aufsteht wie von einer guten Mahlzeit.
Nicht so, daß man das Leben «satt hat», sondern so, daß man genossen hat, was Gott auf
den Tisch stellte, ob es wenig war oder viel,
und nun dankt.
Darin liegt die Zuversicht, es lohne sich auch
in der größten Mühsal noch immer, zu leben,
eine Zuversicht, die uns heutigen Menschen
leicht verlorengeht. Und es liegt zweitens die
Weisheit darin, die Stufen des Lebens zu bejahen, auch das Altwerden und das Ab-
schiednehmen. Uns liegt näher, zu wünschen, es möge doch alles so bleiben, wie es
ist, oder aber es möge doch alles bald zu Ende
sein. Der Fromme des Alten Testaments
wußte sich, solange er lebte, als Tischgenosse
Gottes. Der Fromme des Neuen Testaments
weiß von einem Tisch, an dem wir wieder

Platz nehmen werden, wenn der Tisch dieses
Lebens abgesessen ist. Und beide leben aus
der Dankbarkeit.

*Jörg Zink*


## Ich denke zurück

Herr, ich denke zurück.
Ich gehe noch einmal meinen Weg
durch alle meine Jahre.
Nicht an meine Leistung denke ich.
Sie ist gering.
Nicht an das Gute, das ich getan habe.
Es wiegt leicht
gegen die Last des Versäumten.

An das Gute, das Du mir getan hast,
denke ich und danke Dir.
An die Menschen, mit denen ich gelebt habe,
an alle Freundlichkeit und Liebe,
von der ich mehr empfangen habe,
als ich wissen kann.
An jeden glücklichen Tag
und jede erquickende Nacht.
An die Güte, die mich bewahrt hat
in den Stunden der Angst und der Schuld
und der Verlassenheit.

An das Schwere, das ich getragen habe,
denke ich. An Jammer und Mühsal,

deren Sinn ich nicht sehe.
Dir lege ich es in die Hand und bitte Dich:
Wenn ich Dir begegne, zeige mir den Sinn.

Ich denke zurück, Herr,
an all die vielen Jahre.
Mein Werk ist vergangen,
meine Träume sind verflogen,
aber Du bleibst.
Laß mich nun im Frieden aufstehen
und heimkehren zu Dir,
denn ich habe Deine Güte gesehen.

Ehre sei Dir, dem Vater und dem Sohn
und dem Heiligen Geist,
wie es war im Anfang, jetzt und immerdar
und von Ewigkeit zu Ewigkeit.

*Jörg Zink*

## Bitte

Der berühmte Schauspieler und Rezitator *Ernst Ginsberg*
wurde von einer Krebskrankheit befallen, die ihn schließlich
sogar der Sprache beraubte. Auf dem Krankenbett richtete er
an Gott die Bitte:

Oh, mein Gott, in der Sturmflut dieser Zer-
    störung,
in der mir die Sprache röchelnd ertrank,
laß mir – oh schenk meiner Bitte Erhörung –
nur dieses einzige Wort noch: Dank.

Als er sein Leben dem Ende zugehen fühlte, verfaßte Ginsberg folgendes Dankgedicht:

## Choral

Nun wird es Zeit zu danken
eh Herz und Auge bricht
für alle Gottesgaben
für Leben, Luft und Licht –

Zu danken für die Eltern
die mir in dieser Welt
die blinden Kinderfüße
auf graden Weg gestellt –

Zu danken für die Freundschaft
die mir zur Seite ging
und oft mit starken Armen
den Taumelnden umfing –

Zu danken für die Liebe
die ich so oft verriet:
sie aber sang, die treue
das ewige Lebenslied – . . .

Zu danken für die Freuden:
Wie war die Welt so schön
um staunend voll Entzücken
von Glück zu Glück zu gehn –

Zu danken für die Leiden:
sie sühnten dunkle Schuld

und prüften Herz und Nieren
im Abgrund der Geduld – . . .

Nun wird es Zeit zu danken . . .
Das Wort vermag es nicht!
Doch Du nimm den Verstummten
Herr, wortlos heim ins Licht.

# 12  Kraft im Gebet

Harret aus im Gebet!
*Kol 4,20*

## Aus Psalm 143

Herr, höre auf mein Gebet, vernimm mein
    Flehen,
in Deiner Treue, in Deiner Gnade erhöre
    mich;
Gehe nicht ins Gericht mit Deinem Knechte;
    kein Lebender ist ja vor Dir gerecht . . .
Mein Geist in mir will verzagen, mein Herz
    erstarrt in der Brust.
Ich gedenke vergangener Tage, ich sinne nach
    über all Dein Tun und erwäge das Werk
    Deiner Hände.
Ich breite meine Hände aus zu Dir; meine
    Seele verlangt nach Dir wie lechzendes
    Land.
Erhöre mich bald, o Herr, mein Geist ver-
    zehrt sich;
verbirg Dein Angesicht nicht vor mir, daß ich
    nicht denen gleich werde, die zur Grube
    fahren.
Laß mich frühe deine Gnade hören, denn ich
    vertraue auf Dich.

Tue mir kund den Weg, den ich gehen soll,
  denn zu Dir erhebe ich meine Seele . . .
Lehre mich, Deinen Willen zu tun, denn Du
  bist mein Gott; Dein guter Geist führe
  mich auf ebener Bahn.
Um Deines Namens willen, Herr, erhalte
  mich! In Deiner Treue führe meine Seele
  aus der Not!

## Die Kraft des Gebetes

Das Gebet hat große Kraft,
das ein Mensch verrichtet
nach bestem Können:
Es macht ein bitteres Herz süß,
ein trauriges froh,
ein armes reich,
ein törichtes weise,
ein verzagtes kühn,
ein schwaches stark,
ein blindes sehend,
ein kaltes brennend.
Es zieht den großen Gott
in das kleine Herz;
es trägt die hungrige Seele
empor zu Gott, dem lebendigen Quell.
Und bringt zusammen zwei Liebende:
Gott und die Seele.
*Gertrud von Helfta (1256–um 1302).*

## Beim Aufwachen

Beim Aufwachen am Morgen sollten wir zuerst Gott danken, selbst wenn wir uns über
den kommenden Tag noch gar nicht freuen.
Sagen wir: «Dies ist der Tag, den der Herr
gemacht, wir wollen uns freuen und ihm
danken.»
Wir müssen die Wahrheit dieses Psalmverses
meditieren, damit sie zu unserer eigenen

Überzeugung wird und nicht nur Ausdruck unserer guten Stimmung ist. Dann stehen wir auf, waschen uns, kleiden uns an usw. und wenden uns wieder an Gott.

Da kommen uns zwei Gedanken. Der eine gibt uns zu erkennen, daß wir Gott gehören, der andere, daß auch unser Alltag sein Eigentum ist. Dieser neue Tag ist einmalig für uns, er existierte bis jetzt noch nicht. In Rußland sagt man, der neue Tag sei wie eine große, unberührte Schneefläche. Noch niemand hat sie betreten. Rein und strahlend liegt sie vor uns. Was tun wir jetzt? Wir bitten Gott, er möge diesen Tag segnen und über alles, was er mit sich bringt, verfügen.

*Anthony Bloom*

## Gott, zu Dir rufe ich in der Frühe des Tages

Gott, zu Dir rufe ich in der Frühe des Tages.
Hilf mir beten
und meine Gedanken sammeln zu Dir;
ich kann es nicht allein.

In mir ist es finster,
aber bei Dir ist das Licht;
ich bin einsam, aber Du verläßt mich nicht;
ich bin kleinmütig, aber bei Dir ist die Hilfe;
ich bin unruhig, aber bei Dir ist der Friede;
in mir ist Bitterkeit, aber bei Dir ist die
    Geduld;

ich verstehe Deine Wege nicht, aber
Du weißt den Weg für mich.

Von guten Mächten wunderbar geborgen,
erwarten wir getrost, was kommen mag.
Gott ist mit uns am Abend und am Morgen
und ganz gewiß an jedem neuen Tag.
*Dietrich Bonhoeffer*

## Tägliche Bitte um Kraft

Ich bitte Dich, Herr, um die große Kraft
diesen kleinen Tag zu bestehen
um auf dem großen Weg zu Dir
einen kleinen Schritt weiterzugehen.
*Ernst Ginsberg*

## Der Mittag

Wie ist der Augenblick des Mittags so
tief! . . . Die Ewigkeit schaut dich an. In alle
Stunden spricht die Ewigkeit, aber dem Mit-
tag ist sie Nachbar. Da wartet die Zeit und tut
sich auf. Der Mittag ist reine Gegenwart, die
Fülle des Tages.
Fülle des Tages . . . Nähe der Ewigkeit . . .
Warten und offen sein . . . Fern her tönt die
Glocke zum Engel des Herrn . . . Sie spricht
in den schweigsamen Mittag das lösende
Wort . . .

Einmal kam die Mittagsstunde des Mensch-
heitstages, die «Fülle der Zeit». Und ein
Mensch war, in dem stand die Fülle und wartete: Maria. Eilte nicht; schaute nicht voraus
noch zurück. Die Fülle der Zeit stand in ihr,
lautere Gegenwart, offen der Ewigkeit, und
wartete. Und die Ewigkeit neigte sich, die
Botschaft kam, und das ewige Wort ward
Fleisch in ihrem reinen Schoß.

Die Glocke spricht dies Geheimnis in unseren Tag. Immer wieder lebt in der Mittagsstunde des christlichen Tages das Geheimnis
des Menschheitsmittags auf. Durch alle Zeiten klingt die Fülle der Zeit.

Unser ganzes Leben sollte der Ewigkeit
Nachbar sein. Immer sollte in uns die Stille
sein, die nach der Ewigkeit hin offen steht
und horcht. Aber das Leben ist laut und
überschreit sie. So sollen wir wenigstens in
der geweihten Mittagsstunde, im «Engel des
Herrn» innehalten, wegschieben, was sich
herandrängt, stille stehen und auf das Geheimnis horchen, darin «das ewige Wort, als
alles im tiefen Schweigen lag, vom königlichen Stuhl herabstieg»; ein Mal in äußerem
geschichtlichem Geschehen, aber immer aufs
neue in jeder Seele.

*Romano Guardini*

## Bitte

Gib mir, o Herr, die Gnade, daß ich in meinem Tun und Lassen und meinem ganzen Leben Deinen heiligen Willen vollbringe bis zum guten Ende,
und so auch alle, die mir in Deinem Namen verbunden sind, Deine und meine Freunde.

*Mechthild von Magdeburg (um 1212–1283)*

## Gebet für andere

Die Bitte darf auch den anderen Menschen nicht vergessen. Der Glaubende soll vor Gott derer gedenken, die er liebt und die ihm anvertraut sind. Gott weiß tiefer um sie und liebt sie reiner und stärker als irgendein Mensch, und sei es der Liebendste, es vermag, und hat Macht, zu schützen, zu helfen und zu segnen.
Es ist schön, im Gebet zu den Menschen hinzudenken, die einem teuer sind; in Liebe wissend ihre besonderen Schwierigkeiten, Nöte, Anliegen zu berühren und sie vor Gottes Augen zu stellen. Es ist schön, sich in seiner Sorge um den geliebten Menschen eins zu wissen mit dem sorgenden Gott und sich zu sagen, daß jener in diesem Einvernehmen geborgen ist. Es macht ruhig und zuversichtlich. Die Sorge verliert das Beengende und Quälende; und wenn das nachher auch wie-

derkehren mag, so war die kurze Weile des Gebets doch da und hat das Gemüt aufatmen lassen.

*Romano Guardini*

## Fürbitte

Laß Böses geringer werden
und Gutes um so kräftiger sein
Laß Traurigkeiten schwinden
und Freude um sich greifen
Laß Mißverständnisse aufhören
und Enttäuschte Mut gewinnen
Laß Kranke Trost finden
und Sterbende deine Erbarmung
Laß Frieden unter Menschen sein
im Herzen und rund um die Erde

*Wilhelm Gössmann*

## Nicht reden, sondern hören

Als mein Gebet immer andächtiger und innerlicher wurde, da hatte ich immer weniger zu sagen.
Zuletzt wurde ich ganz still.
Ich wurde, was womöglich noch ein größerer Gegensatz zum Reden ist, ich wurde ein Hörer.
Ich meinte erst, Beten sei Reden. Ich lernte aber, daß Beten nicht bloß Schweigen ist, sondern Hören.

So ist es: Beten heißt nicht sich selbst reden
hören,
beten heißt still werden und warten, bis der
Betende Gott hört.

*Sören Kierkegaard (1813–1855)*

## Einübung in die «Kunst des Sterbens»

Der Tod ist das letzte Wort, das ein Mensch
zu seinem vergangenen Leben spricht; das
endgültige Antlitz, das er ihm gibt. Da geht es
um die große Entscheidung, ob der Mensch
sein ganzes Leben noch einmal in die Hand
nimmt. Die Reue erfaßt, was verfehlt war
und glüht es um; für das Gute, das geschehen,
geben Dank und Demut dem Herrn die Ehre,
und alles wird hineingeworfen in die rück-
haltlose Hingabe an Gott – oder aber der
Mensch verzagt und läßt das Leben entgleiten
in ein Ende ohne Würde und Kraft . . .
Das ist die hohe «Kunst des Sterbens»: Die
Kunst, das vergangene Leben zu einem einzigen Ja für Gott zu machen.
Nun sieh: jeder Abend soll eine Übung sein
in dieser hohen Kunst, dem Leben einen
wirklichen Beschluß zu geben, der allem Vergangenen erst end-gültigen Wert und ewiges
Antlitz schafft.
Abendstunde ist die Stunde des Vollendens.
Wir stehen vor Gott, ahnend, daß wir einst

von Angesicht zu Angesicht, zur letzten Verantwortung, vor ihm stehen werden . . . Wir
stellen uns zu Gott, zu Ihm, «dem alles lebt»,
Vergangenes wie Zukünftiges, und der selbst
Verlorenes dem Reuigen wiederschenken
kann. Und vor ihm geben wir dem vergangenen Tage sein endgültiges Antlitz. Was darin
nicht recht war, erfaßt die Reue und «denkt es
um»; was gut gewesen, davon tut demütig
aufrichtiger Dank alle Eitelkeit ab. Und alles
Ungewisse, alles Unzulängliche, Arme und
Trübe taucht rückhaltloses Vertrauen in Gottes allmächtige Liebe.

*Romano Guardini*

## Im Frieden einschlafen

Im Frieden leg ich mich nieder und schlafe
ein, denn Du, Herr, läßt mich sorglos ruhen.
*Ps 4,9*

Ich preise den Herrn, der mir Einsicht gab;
auch des Nachts mahnt mich mein Inneres.
Allezeit habe ich den Herrn vor Augen; er
steht mir zur Rechten, darum wanke ich
nicht.
Darüber freut sich mein Herz und frohlockt
meine Seele; auch mein Leib wird in Frieden
ruhen.
Denn Du gibst mein Leben nicht dem Tode

preis, und lässest Deinen Frommen nicht die
Grube schauen.
Du weisest mir den Pfad des Lebens: Fülle
der Freuden vor Deinem Angesicht und
Wohnen in Deiner Rechten ewiglich.

*Ps 16,7–11*

## Bleibe bei uns, Herr

Bleibe bei uns, Herr,
denn es will Abend werden,
und der Tag hat sich geneigt.

Bleibe bei uns und bei allen Menschen.
Bleibe bei uns am Abend des Tages,
am Abend des Lebens, am Abend der Welt.

Bleibe bei uns mit Deiner Gnade und Güte,
mit Deinem Wort und Sakrament,
mit Deinem Trost und Segen.

Bleibe bei uns, wenn über uns kommt
die Nacht der Trübsal und Angst,
die Nacht des Zweifels und der Anfechtung,
die Nacht des bitteren Todes.

Bleibe bei uns und bei allen Deinen Kindern
in Zeit und Ewigkeit.

*Kirchengebet*

# 13　Von Angst erlöst

Euer Herz sei ohne Angst!
*Joh 14,1*

## Zuspruch der Heiligen Schrift

Seid nicht ängstlich besorgt . . .
*Mt 6,25*

Euer Herz sei ohne Angst!
Glaubt an Gott, und glaubt an mich!
*Joh 14,1*

Sei mutig und stark! Fürchte dich nicht und
hab keine Angst, denn der Herr, dein Gott,
ist mit dir.
*Jos 1,9*

Fürchte dich nicht, denn ich bin bei dir;
hab keine Angst, denn ich bin dein Gott.
Ich helfe dir und mache dich stark,
ich halte dich mit meiner rettenden Hand.
*Jes 41,10*

## Meine Antwort

Der Herr ist mein Licht und mein Heil, wen
  sollte ich fürchten?
Der Herr ist meines Lebens Kraft, vor wem
  sollte ich zittern?

*Ps 27,1*


Muß ich auch wandeln in finsterer Schlucht,
ich fürchte kein Unheil, denn du bist bei mir.

*Ps 23,4*

## Nichts dich erschrecke!

Nichts sei dir Trübung,
nichts dir Erschrecken!
Alles verflüchtigt,
nicht wandelt sich Gott,
Es kann Geduld
alles erlangen.
Wer Gott nicht losläßt,
kennt kein Entbehren.
Gott nur genügt.

*Teresa von Avila (1515–1582)*

## Hingabe an Gott

Ich bete Dich an, Gottvater, der mich er-
    schaffen.
Ich bete Dich an, Gottsohn, der mich erlöst
    hat.
Ich bete Dich an, Heiliger Geist, der mich so
    oft geheiligt hat und noch heiligt.
Aus reiner Liebe und Dir zur größern Ehre
    weihe ich Dir mein kommendes Tagwerk.
Ich weiß nicht, was mir heute alles bevor-
    steht, ob Leid oder Liebe, Freude oder
    Traurigkeit, Trost oder Kummer.
Mag sein, wie es Dir gefällt, ich überlasse
    mich Deiner Vorsehung und füge mich
    Deinem Willen.

*Franz Xaver (1506–1552)*

## «Fürchtet euch nicht!»

Zwanzigmal begegnet uns allein in den Evangelien die Aufforderung: Fürchtet euch nicht.

Wie gut kennt Gott seine Geschöpfe! Er weiß, daß die Furcht in uns steckt und Angst uns befallen kann. Furcht vor all dem, was unser Dasein beeinträchtigen, beengen oder vernichten will; Furcht aber auch vor allem, was unser Dasein übersteigt, unsere Vorstellungen sprengt und über unser Begreifen ist. Beide Arten der Furcht werden gerade in diesem «Fürchtet euch nicht» überzeugend getroffen und überwunden. Es wird ja von dem gesagt, dessen leibliche Auferstehung der sichtbare Beweis dafür ist, daß alle Mächte, die unser Dasein bedrängen, mindern und auslöschen wollen, tatsächlich entmachtet sind. «Tod, wo ist dein Sieg? Tod, wo ist dein Stachel?» (1 Kor 15,55).

Und was unser menschliches Erschrecken vor dem Übernatürlichen angeht, das uns in seiner Unbegreiflichkeit ängstigt, Gott, Himmel, Ewigkeit: Da steht es vor uns in der menschenfreundlichen Güte Jesu Christi, grüßt uns in vertrauter Weise und treibt die Furcht aus. Angst wandelt sich in sieghafte Freude und Furcht in heilige Ehrfurcht. Das Leben hat gesiegt und Gottes Sohn bleibt

Mensch, in seiner Ferne doch nah, in seiner
Unbegreiflichkeit doch greifbar, in seiner Zu-
neigung uns zu sich erhebend.
*Dirk Grothues*

## Herr, dies ist der Trost

Herr, dies ist der Trost:

daß Du uns erlöstest mit Deinem Tod,
daß Du, Herr, auferstanden bist
und alle Ketten sprengtest,
die uns gefesselt an uns selbst
und unser böses Sein –

daß Du in Licht und Herrlichkeit
zum Vater gingst
und doch bei uns bleibst
bis ans Ende der Zeiten –

Dies ist der Trost.

Wie wär es möglich sonst,
dies Leben auszuhalten hier und jetzt!
*Elsi Schindler*

## Der Herr kommt auf uns zu

Der Christ teilt mit allen andern Menschen
die gleiche, oft zwiespältige Erfahrung von
der Zukunft: auch er ist ihrer nicht Herr,

auch er kann sich ihrem Zugriff, ihrem Zu-
kommen nicht entziehen. Auch im Daseins-
raum des Christen gibt es keinen Riegel, der
den Einbruch einer unverfügten Zukunft auf-
hielte. Aber ist er der Zukunft auch nicht
Herr, so weiß er doch um den Herrn der
Zukunft. Bei aller inhaltlichen Unbestimmt-
heit der Zukunft, bei aller Offenheit darüber,
was das Morgen und Übermorgen bringt,
weiß er die Zukunft im Grund schon ent-
schieden durch das Geschehnis von Christi
Tod und Auferstehung und Herrlichkeit.
Aus den vielen Stimmen, Lichtern und Schat-
ten, die aus der Zukunft schon jetzt in unsere
Gegenwart hineinfallen, aus den unklaren
und unentwirrbaren Zeichen hebt doch dieses eine Zeichen sich klar ab: nicht nur vieles,
Unbekanntes kommt auf ihn zu, sondern der
Herr.

*Karl Rahner*


## Gehen wir getrost!

Gehen wir getrost zu unserem Herrn Jesu
    Christus, unserem Erlöser!
Wir werden dort hingehen, wo der Herr sei-
    nen Knechten eine Wohnung bereitet hat.
Herr Jesus Christus, wir folgen Dir;
hole uns herbei, daß wir Dir folgen!
Denn ohne Dich steigt keiner empor!

Du bist der Weg, die Wahrheit und das
   Leben.
Nimm uns auf als der Weg!
Kräftige uns als die Wahrheit!
Belebe uns als das Leben

*Ambrosius von Mailand (339–397)*

## Sich hineingeben in das Opfer Christi

Warum gehen Sie zur Kirche?
Und das täglich?,
fragte ich die alte, gehbehinderte Frau.
Damit ich den Tag aushalte,
sagte die Frau.
Irgendwann hatte sie gelernt,
daß man seine Opfer
mit dem Opfer Christi verbinden kann.
Sie hatte das nicht nur gehört,
sie hatte es erfahren.
Täglich. Diese Erfahrung war
so stark, daß sie die Schwierigkeiten
anderer Menschen ebenfalls
in das Opfer Christi hineintrug.
Für diese Frau zählten nicht
die eigenen Opfer.
Es zählte das eine Opfer Christi.
Das half nicht nur ihr zu überleben,
sondern anderen überleben zu helfen.

*Gerhard Eberts*

## Herr, das ist meine Hoffnung

Herr, das ist meine Hoffnung und mein un-
    überwindliches Vertrauen.
Es gibt nicht ein Teilchen meines kleinen Lei-
    dens, das Du nicht schon gelebt und in
    unendliche Erlösungsgnade
umgewandelt hast.
Wenn der Weg auch hart und eintönig ist,
Wenn er auch zum Grabe führt,
Ich weiß, daß Du jenseits des Grabes in Dei-
    ner Glorie
auf mich wartest.
Herr, hilf mir, treu meinen Weg zu durch-
    schreiten
und immer auf dem mir bestimmten Platz zu
    bleiben
in der großen Menschheitsfamilie,
Hilf mir vor allem, Dich wiederzuerkennen
    und Dir zu helfen in allen Brüdern, die mit
    mir auf der Pilgerfahrt sind.

*Michel Quoist*

# 14 Am Schweren wachsen

Wer mein Jünger sein will,
nehme sein Kreuz auf sich!

*Mt 16,24*

## Zuspruch der Heiligen Schrift

Jesus sagte zu seinen Jüngern:
Wer zu mir gehören will, der verleugne sich
selbst, nehme sein Kreuz auf sich und folge
mir nach.
Denn wer sein Leben retten will, wird es
verlieren; wer aber sein Leben um meinetwil-
len verliert, wird es gewinnen.

*Mt 16,24–25*

Wir müssen mit Christus leiden, um mit Ihm
auch verherrlicht zu werden.

*Röm 8,17*

Die augenblickliche leichte Bedrängnis ver-
schafft uns eine überschwengliche, ewige, alles aufwiegende Herrlichkeit.

*2 Kor 4,17*

## Segenswunsch

Nicht, daß von jedem Leid
verschont Du mögest bleiben,
noch daß Dein künft'ger Weg
stets Rosen für Dich trage
und keine bitt're Träne über Deine Wangen
    komme
und niemals Du den Schmerz erfahrest:
Dies alles, nein, das wünsche ich Dir nicht.
Denn: Kann das Herz in Tränen nicht geläu-
    tert,
kann's nicht im Leiden reifer werden?

Mein Wunsch für Dich ist vielmehr dieser:
Mögest dankbar Du und allezeit bewahren
nur in Deinem Herzen
die kostbare Erinnerung an jeden
reichen Tag in Deinem Leben.
Daß mutig stehest Du in Deiner Prüfung,
wenn hart ein Kreuz auf Deinen Schultern
    liegt,
und wenn der Gipfel, den es zu erreichen gilt,
Dir unerreichbar scheint.

Daß jede Gabe, die Dir Gott geschenkt,
in Dir mög wachsen mit den Jahren
und dazu dienen,
die Herzen derer, die Du liebst,
mit Freude zu erfüllen.

Daß immer einen guten Freund Du hast,
der Freundschaft wert, der Dir Vertrauen
    gibt,
wenn's Dir an Licht gebricht und Kraft.
Daß Du den Stürmen standhältst
und stets bleibst in Deines Gottes Nähe.
*Alter Segenswunsch aus Irland*

## Welchen Sinn hat das Leben für uns alte Menschen noch?

Zuerst starb mein Mann, dann brauchten meine Enkelkinder den Raum, den ich bewohnte.
Jetzt muß ich im Altersheim mein Zimmer teilen.
Das ganze Leben habe ich gearbeitet, doch geblieben ist mir nichts.
Mein Gott, Du weißt, wie schwer es ist, täglich auf engem Raum die Eigenarten der Menschen zu ertragen, mit denen ich zusammen leben muß.
Jeden Morgen beginne ich mit dem Vorsatz, mich anzupassen; doch meine eigenen Wünsche sind meist stärker, so daß ich immer wieder scheitere. Dann frage ich mich, welchen Sinn mein Dasein noch hat.
Eines habe ich erfahren: Je älter man wird, desto mehr muß man hergeben. Es beginnt bei dem Verlust der körperlichen Stärke, der

jugendlichen Elastizität, bis zur Trennung
vom letzten Menschen, der einem nahestand.
Das hinterläßt Wunden.
Doch ist es nicht gerade die Leiderfahrung,
die mich innerlich wachsen ließ? Bin ich nicht
nachsichtiger und verstehender geworden,
weil ich selbst durch Tiefen hindurch mußte?
Manchmal denke ich, daß Du, mein Gott, die
Prüfungen zugelassen hast, um mir die Möglichkeit zu geben, vollkommener, Deinem
Sohn ähnlicher zu werden.
Deshalb bin ich im Grunde froh, daß Du mir
im Leben nichts erspart hast.

*Eva Maria Rahlfs*

## Vertrauende Bitte

Wende Dich zu mir, und sei mir gnädig, denn
ich bin einsam und elend.
Erlöse mich von den Ängsten meines Herzens, führe mich heraus aus meinen Nöten.
Nimm hinweg meinen Jammer und mein
Elend, und vergib mir alle meine Sünden . . .
Bewahre meine Seele, und errette mich; laß
mich nicht zuschanden werden, denn Dir
vertraue ich.

*Ps 25,16–20*

## Der Sinn des Leides

Der Sinn unseres Lebens und besonders des schweren Leides ist es, uns immer tiefer in die unbegreifliche Liebe Gottes hineinzugeleiten, damit wir ganz in ihr leben und von ihr her allem gewachsen sind. Je mehr uns das gelingt, desto freudiger werden wir im Rückblick auf unsere Jahre mit dem ersten Johannesbrief sprechen: «Wir haben der Liebe geglaubt!» Wir haben durch alles gelernt, uns der unbegreiflichen Liebe anzuvertrauen.

*Johannes B. Lotz*

## Gegenteilige Erhörung

Herr, ich habe Dich um Kraft gebeten, um
   Erfolg zu haben;
Du hast mich schwach werden lassen, damit
   ich gehorchen lerne.
Ich habe Dich um Gesundheit gebeten, um
   große Dinge zu tun;
ich habe die Krankheit erhalten, um Besseres
   zu tun.
Ich habe Dich um Reichtum gebeten, um
   glücklich zu sein;
ich habe die Armut erhalten, um weise zu
   sein.
Ich habe Dich um Macht gebeten, um von
   den Menschen geschätzt zu werden;
ich habe die Ohnmacht erhalten, um Verlan-

gen nach dir zu verspüren.

Ich habe Dich um Freundschaft gebeten, um
    nicht allein leben zu müssen;

Du hast mir ein Herz gegeben, um alle meine
    Brüder zu lieben . . .

Ich habe nichts gehabt von dem, was ich
    erbeten hatte; ich habe alles gehabt, was
    ich erhofft hatte.

Fast gegen meinen Willen sind meine unge-
    sagten Gebete erhört worden.

Ich bin der Beschenkteste aller Menschen.

Dank Dir, Herr!

*Text auf einer Bronzetafel im Wartesaal eines Spitals
von New York.*

## Geheimnis und Tod

Immer komme ich im Leben und Denken in
Ratlosigkeiten hinein, mit denen man nicht
«fertig werden kann». Zunächst mag es auch
mir scheinen, als ob man eben einfach weiter-
zumachen habe, auch wenn man nicht weiß,
wohin alles schließlich zielt. Aber ich kann
mich dann doch der Frage nicht versagen,
was denn auf dem Grund dieses Weiterma-
chens verborgen sei. Und dann finde ich eben
doch die Hoffnung. Und sie verdichtet die
Lebenserfahrung in zwei Worte: Geheimnis
und Tod.

«Geheimnis» sagt diese Ratlosigkeit in Hoffnung. «Tod» aber gebietet, diese Ratlosigkeit sich nicht zu verschleiern, sondern auszuhalten. Ich schaue auf Jesus, den Gekreuzigten, und weiß, es wird mir nichts erspart. Ich gebe mich (ich hoffe es) in seinen Tod und hoffe so, daß der gemeinsame Tod der Aufgang des seligen Geheimnisses ist. In dieser Hoffnung aber tritt auch in aller Finsternis das Leben in seiner Schönheit hervor, und alles wird Verheißung.

Ich finde, Christsein ist die einfachste Aufgabe, die ganz einfache und darum so schwere leichte Last, wie im Evangelium steht. Wenn man sie trägt, trägt sie einen. Je länger man lebt, um so schwerer und leichter wird sie.

*Karl Rahner*


Endlich aber bitte ich Dich um das Schwerste und Härteste: um die Gnade, in allem Leid meines Lebens das Kreuz Deines Sohnes zu erkennen, in ihm Deinen heiligen unerforschlichen Willen anzubeten, Deinem Sohn auf seinem Kreuzweg nachzufolgen, solange es Dir gefallen mag . . .

Das Kreuz meines Herrn sei mir Vorbild, sei meine Kraft, sei mein Trost, sei die Lösung aller dunklen Fragen, das Licht aller Nächte . . .

Denn getreu ist das Wort, wenn wir mit ihm
sterben, so werden wir auch mit ihm leben,
harren wir mit ihm aus, so werden wir auch
mit ihm herrschen.
Vater, wir wollen alles mit Deinem Sohn teilen, sein Leben, seine Gottesherrlichkeit, seinen Schmerz und seinen Tod. Gib Du nur mit
dem Kreuz auch die Kraft, es zu tragen . . .
*Karl Rahner*

## Nichts mehr tun können

Für jeden kommt einmal die Stunde, da er
nichts mehr tun kann, seiner Ehre nicht helfen, seinen Schmerz nicht lindern, seiner Not
keinen Ausweg finden kann.
Vor allem wird es in der letzten Krankheit so
sein, wenn man weiß, es geht dem Ende zu,
der Arzt kann nichts mehr ausrichten. Da ist
jeder angenagelt und kann sich nicht helfen.
Kann nur eins: Herz und Willen sammeln in
Gott. Sich fest, ganz fest am Willen des Vaters
halten und still ausharren. Und es vollkom-
men ihm überlassen, ob es zu einem guten
oder zu einem bitteren Ende geht . . .

Herr, wenn eine solche Stunde kommt,
dann bist Du bei mir, das weiß ich.
Die Kraft Deines Kreuzes ist dann in mir,
und macht mich stark.
*Romano Guardini*

## Bitte um Geduld

Vater der Barmherzigkeit und Gott allen
    Trostes,
ich flehe Dich an im Namen Jesu um die
    wahre christliche Geduld;
rüste mich damit aus wider alle Trübsal,
mache mich willig, dies Kreuz auf mich zu
    nehmen,
es geduldig zu tragen und freudig darunter
    auszuharren;
vertreibe alles Murren des Fleisches über die
    Last des Kreuzes
und über die Langwidrigkeit der Zeit.
Stelle Dich, liebster Jesu, mit Deiner Geduld
    am Kreuz
mir vor Augen und Herz,
daß ich durch Dein Anschauen gestärket
    werde, beständiger auszuhalten.
Laß mich, o getreuer Heiland, in meinem
    Mut nicht müde werden,
sondern in Geduld durch Leiden und Trübsal
    in das Reich Gottes eingehen.
Geduld ist mir Not, daß ich Deinen Willen
    tue
und die Verheißung empfange.
Darum erflehe ich sie von Dir,
Du wirst sie mir nicht verweigern.
Amen.

*Johann Arndt (1555–1621)*

# 15 Gnaden des Alters

Jetzt ist Gnadenzeit.
*2 Kor 6,2*

## Aus Psalm 71

Auf Dich, o Herr, vertraue ich, laß mich
nimmermehr zuschanden werden!
Errette mich nach Deiner Gerechtigkeit, und
befreie mich; neige Dein Ohr zu mir, und hilf
mir!
Sei mir ein Hort der Zuflucht, eine feste Burg,
daß Du mir helfest; denn Du bist mein Fels
und meine Feste . . .
Du bist meine Hoffnung, Herr, mein Gott,
meine Zuversicht seit meiner Jugend.
Auf Dich habe ich mich verlassen vom Mutterleib an, vom Mutterschoß an bist Du mein
Schutz; von Dir singt mein Loblied allezeit . . .
Mein Mund ist Deines Lobes voll, voll Deines Preises den ganzen Tag.
Verwirf mich nicht in den Tagen des Alters;
wenn meine Kraft schwindet, verlaß mich
nicht . . .
Auch im Alter noch, wenn ich grau werde,
verlaß mich nicht, o Gott . . .

Der Du uns schauen ließest viel Angst und
Not, Du wirst uns wieder beleben, uns wie-
der heraufführen aus den Tiefen der Erde . . .
Du wirst mich wiederum trösten.
So will auch ich Dir danken, mein Gott, Dei-
ner Treue denken . . .
Meine Lippen sollen frohlocken und meine
Seele, die Du erlöst hast.

## Leitworte

Ihr seid so jung, wie euer Glaube, so alt wie euer Zweifel; so jung wie eure Hoffnung, so alt wie eure Niedergeschlagenheit.

*General MacArthur*

Ihr werdet jung bleiben, so lange ihr aufnahmebereit seid für alles, was schön, was gut und was groß ist. Aufnahmebereit für das, was die Natur sagt, was der Mensch sagt, und vor allem für das, was Gott sagt.

*Thomas Merton*

Schaue im Alter nicht auf das, was es dir nimmt, sondern auf das, was es dir läßt.

*Ernest Legouvé, 96jährig*

Was vergangen ist, ist vergangen . . . Bis zum letzten Atemzug müssen wir uns in gespannter Bereitschaft halten für eine stets unvollendete Aufgabe.

*Pierre Teilhard de Chardin*

Das Alter ist ein Teil des Lebens; es ist so wichtig, weil es das Ganze vollendet und krönt.

*A.-M.Couvreur*

Das Alter – das doch auch ein großes Geschenk des Herrn ist – soll mir Grund sein zu
stiller innerer Freude, zu täglicher vollkommener Hingabe an den Herrn allein, zu dem
ich mich hingewandt halte wie ein Kind zu
den offenen Armen seines Vaters.

*Papst Johannes XXIII., 1957*

Das Alter ist die Zeit, in der man viele Dinge
tun darf, auf die man ein Leben lang verzich-
ten mußte.

*Ernst Hagen*

Indem wir das Altwerden richtig annehmen,
werden wir auch seinen besonderen Inhalt
und seine besondere Aufgabe erahnen. Das
Alter macht uns viele Zeit frei und gibt uns
damit eine überreiche Möglichkeit, Gutes zu
tun, andern zu helfen, Freude zu schenken.
Die dritte Lebensphase ist die letzte Möglichkeit, gut zu sein.

*Theodor Blieweis*

## Alter kann Demut lehren

Die Jugend stürmt hinein ins Leben und will
die Welt erobern. Das ist gut so. Was wäre die
Menschheit ohne immer neue Ansporne,
neue Aufbrüche, neue Hoffnungen und Er-
wartungen?

Das Alter aber weiß, hat es sogar am eigenen
Leib erfahren, daß nie alles erreichbar ist, daß
sich im Leben Sonnenschein und Regen,
Freude und Leid, Erfolge und Mißerfolge
abwechseln und daß schließlich alles Stück-
werk bleibt. Das haben Goethe ebenso wie
Napoleon, Adenauer wie de Gaulle und Mao
erfahren. Aber auch das ist gut. Der Mensch
ist eben auf das Unendliche angelegt und
wird es nie aus eigenen Kräften erlangen ...
Diese Demut, daß der Mensch sich selbst als
begrenzt empfindet, daß er weiß, daß er ver-
gänglich ist, daß er letzten Endes nicht von
seiner eigenen Kraft lebt, sondern von der
Güte und Barmherzigkeit Gottes, das versteht der Mensch so oft erst im Alter ... Es
ist für die Jugend ein gewaltiges Erlebnis,
Menschen zu sehen, die ihre Grenzen kennen
und akzeptieren, die trotzdem nicht später
resignieren, sondern ehrlich dazu ja sagen.
«Gott allein ist gut», Gott allein ist wirklich
groß. So wenig den reifen Menschen Un-
glück, Not und Leiden umwerfen, so wenig
werden ihn Freuden und Schönheit blenden,
alles wird ihm ahnungsvoll transparent werden auf ein noch Größeres, Gewaltigeres,
Ewiges hin. Das Schöne und Gute, auch die
Leiden und Mühseligkeiten müßten über das
Vergängliche hinaus eine Vorahnung dessen
wecken, was hinter und über aller Vergäng-

lichkeit liegt. Der Glaube müßte aufglühen in Hoffnung und Erwartung, die auch, wenigstens in begnadeten Augenblicken, auf die Umgebung ausstrahlen werden.

*Jakob David*

## Jeder Tag, jede Stunde ist kostbar

Das Leben ist nicht ein Stein, der Tag für Tag mehr zerbröckelt, sondern ein Marmorblock, den der göttliche Bildhauer jeden Tag behaut bis zu dem Augenblick, da das Werk schließlich in wunderbarer Vollkommenheit vollendet ist . . .

Das Leben ist nicht ein fortwährendes Verwesen, sondern ein beständiges Reicherwerden. Jeder Tag kann eine neue Einsicht, ein tieferes Erfassen, eine weitere Erfahrung, eine tiefere Liebe, eine frohere Freude bringen . . .

Das Leben ist nicht ein zu Ende gehender Tag, sondern eine aufsteigende Morgenröte; man geht nicht der Nacht entgegen, sondern von Klarheit zu Klarheit einem blendenden, nie mehr abbrechenden Licht entgegen.

Seit der Erlösung ist jeder Tag uns gegeben, um uns bewußt zu werden, daß unsere Ewigkeit schon begonnen hat.

Jeder Tag, der vergeht, ist nicht verlorene Zeit, sondern Anbruch der Ewigkeit.

Das Leben ist nicht eine Sackgasse, ein Holz-
weg, sondern eine nie endende Straße.
Das Leben ist nicht etwas Nichtswürdiges,
sondern eine Teilhabe am göttlichen Sein.
Das Leben ist ein wunderbares Geschenk,
wie alles, was aus der Hand Gottes hervorgeht.
Jede Stunde ist ein Stückchen Ewigkeit.
Christus hat uns in seiner Auferstehung
schon auferweckt; er ist bei uns, wir sind in
ihm, wir werden für immer bei ihm sein.

Wäre ich mir dessen bewußt, so würde ich
jeden Tag mit Blaise Cendrars ausrufen:
«Dieser Morgen ist der erste Tag der Welt.»
*Jean Harang*

Herr,
wer Dich wirklich liebt,
wandelt sicher auf einer königlichen Straße
*Teresa von Avila (1515–1582)*

## Die Gnade des Alters

Was reden sie von der Gnade, in den Sielen
sterben zu dürfen! Das heißt doch zumeist,
im unentbehrlich gewordenen Joch der Ge-
schäfte und unter der Peitsche der Pflicht und
des Ehrgeizes verenden.
Stillstand und Anschauung, das ist die Gnade

des Alters; denn es macht uns heimisch in der
Welt, mit der wir eins werden sollen, und
gewährt die letzte Läuterung, wo sich der
reine Gedanke löst.

*Maria Waser*


## Gebet, wenn man alt geworden ist

Herr und Gott, ich danke Dir, daß ich alt
werden durfte. Wenn ich früher gestorben
wäre, hätte ich sehr Wichtiges nie gelernt:
Geduld haben, warten können, Einsamkeit
ertragen, Jüngere für klüger halten, neidlos
das Bessere anerkennen . . .
Herr, ich habe einige Bitten: Hilf mir noch
mehr schweigen! Bewahre mich davor, andere dauernd belehren zu wollen! Laß mich
meine Lebenserfahrung für mich behalten,
bis man sie von mir erbittet!
Herr, ich weiß, daß ich wirklich alt bin, ge-
brechlich: aber gib mir die große Gnade, das
auch zu praktizieren! Nimm mir den dum-
men Ehrgeiz, «jung» sein zu wollen; so zu
tun, als könnte ich immer noch überall mitre-
den. Ich vergesse vieles: gib mir die Demut,
das ehrlich einzugestehen!
Laß mich meine Gebrechlichkeiten für mich
behalten! Schenk mir die schöne Gabe, andere nicht mit meinen Krankheiten zu langwei-
len! Laß mich die «gute alte Zeit» vergessen,

die es nie gegeben hat. Wenn ich so vieles
vergesse, warum nicht auch das?
Herr, mach mich gut! Gib mir ein großmüti-
ges Herz, kindlich, klar, durchsichtig wie
eine schöne Quelle! Ich habe Quellen immer so geliebt: da ist alles noch ursprung-
haft schön und einfach, so möchte ich gern
sein!
Herr, schenk mir Vertrauen, Güte, Demut
und jene selbstlose Güte, die nichts Gutes
übersieht und nichts Schlimmes nachträgt.
Herr, mach aus meiner Verzweiflung an dieser ach so unvollkommenen Welt eine Sehnsucht nach dem Daheimsein bei Dir.
Schenk mir die Gnade, mein Alter so zu leben, daß junge Menschen das Alter leichter
ehren können!
*Autor unbekannt*

## Für das Dasein danken

So dankbar der alte Mensch all das Schöne
und jeden weiteren Tag als Gabe und Gnade
des Schöpfers entgegennimmt, so sehr wird
ihm auch die Begrenztheit und Vergänglichkeit all dieser Herrlichkeiten bewußt, läßt das
Tor ahnen, hinter dem eine ganz andere
Wirklichkeit und Herrlichkeit sich auftun
wird. «Kein Auge hat es gesehen, kein Ohr
hat es gehört, und in keines Menschen Herz

ist gedrungen, was Gott denen bereitet hat,
die ihn lieben.»
Vielleicht kommt man auch einmal dazu,
dem Schöpfer für sein Dasein und Leben zu
*danken.* Für das Leben mit allem, was es mit
sich brachte! Es gibt viel zu wenig Menschen,
auch zu wenig Christen, die Gott einmal für
ihr Leben gedankt haben. Bisweilen aber
kann man hören: «Das Leben war doch
schön. Es war zwar manchmal schwer – aber
gerade das möchte ich nicht missen. Es hat
mich weitergebracht.»

*Jakob David*


Für das Vergangene – Dank
Für das Kommende – ja!

*Dag Hamarskjöld*

# Quellennachweis

Barth, Karl
S. 38: in: Barth-Brevier. Zusammengestellt und herausgege-
    ben von Richard Grunow (Theologischer Verlag Zü-
    rich 1966) 599
Bloom, Anthony
S. 108: Weg zur Meditation (Verlag Gerhard Kaffke, Frank-
    furt/M. o. J.) 65
Blum, Franz Christian
S. 11: Basler Pfarrblatt
S. 74: ebd.
S. 81: ebd.
S. 99: Einfältige Dankgebete (Druckerei Cratander, Basel
    1961) 3
Bonhoeffer, Dietrich
S. 109: Widerstand und Ergebung (Chr. Kaiser Verlag, Mün-
    chen Neuausgabe 1970, 158, 436
Camara, Helder
S. 23: Die Wüste ist fruchtbar (Styria Verlag, Graz 1972) 44
David, Jakob
S. 14: Vom Sinn des Alters in heutiger Zeit, in: Civitas 33,
    (1977) 1/2 35–36
S. 137: ebd. 34
S. 142: ebd.
Deeken, Alfons
S. 22: Altsein ist lernbar (Butzon & Bercker, Kevelaer
    1976³) 131
Dirks, Walter und Marianne
S. 13: Laetare-Schriftenreihe Nr. 229 (Laetare Verlag
    GmbH, Stein/Mfr.)
Eberts, Gerhard
S. 123: Wir feierten das Jahr (Rex-Verlag, Luzern–München
    1973) 54

Garnier, Arsène
S. 72: Vers le Seigneur et vers nos frères (Editions St-Paul, Paris 1974) 137
Ginsberg, Ernst
S. 45: Abschied (Verlag der Arche, Peter Schifferli, Zürich 1965) 16
S. 103: ebd. 234, 255
S. 110: ebd. 244
Gössmann, Wilhelm:
S. 113: Wörter suchen Gott (Benziger Verlag, Zürich 1968, 41)
Gots, Anton
S. 49: Das «Ja» zum Kreuz (Veritas-Verlag, Wien–Linz–Passau o. J.) 25
Griolet, Pierre
S. 62: Zu jeder Zeit (Patmos Verlag, Düsseldorf 1974) 49
Grothues, Dirk
S. 121: Geistliches Tagebuch (Ludgerus-Verlag, Essen 1964) 296
Guardini, Romano
S. 30: Der Herr (Werkbund-Verlag, Würzburg 1938) 395
S. 34: Theologische Gebete (Verlag J. Knecht, Frankfurt a. M. 1948) 12f
S. 58: Theologische Briefe an einen Freund (Verlag Ferdinand Schöningh, Paderborn ²1977) 62
S. 89: Von heiligen Zeichen (Matthias-Grünewald-Verlag, Mainz 1928) 26
S. 95: Der Kreuzweg unseres Herrn und Heilandes (Matthias-Grünewald-Verlag, Mainz 1927) 54
S. 99: Gebet & Wahrheit (Werkbund-Verlag, Würzburg 1963) 123
S. 110: Von heiligen Zeichen 54
S. 112: Vorschule des Betens (Benzinger Verlag, Zürich 1944) 98
S. 114: Von heiligen Zeichen 53
S. 132: Kreuzweg, 46–47

Hammarskjöld, Dag
S. 93: Zeichen am Weg (© der deutschen Ausgabe: Droemer-
    sche Verlagsanstalt Th. Knaur Nachf., München/
    Zürich 1965)
S. 143: ebd.
Harang, Jean
S. 139: D'un cœur émerveillé (Ed. Saint-Paul, Paris 1975) 9–11
Hausmann, Manfred
S. 29: Das abgründige Geheimnis (Neukirchener Verlag,
    Neukirchen-Vluyn 1972) 176–178
Hölderlin, Friedrich
S. 57: Gesammelte Werke (C. Bertelsmann Verlag, München
    1955) 25
Hunziker, Walter
S. 42: Bleibet in meiner Liebe, hrsg. von A. u. Th. Hunziker
    & der Zentralstelle der Müttervereine der Schweiz,
    Schwarzenberg, o. J.
S. 73: ebd.
Jakobi, Paul
S. 20: Junge Kirche (Verlag J. Pfeiffer, München 1974)
    58–60
S. 31: ebd., 33
Jammes, Francis
S. 36: Die Gebete der Demut (Verlag K. Wolff, München)
Jerphagnon, Lucien
S. 76: in: Der große Entschluß (Wien 1962)
King, Martin Luther
S. 51: in: Jörg Zink, Wie wir beten können (Kreuz Verlag,
    Stuttgart 1970) 124
Lippert, Peter
S. 61: Von Festen und Freuden (Verlag Ars Sacra, München
    1932) 243
Loew, Jacques
S. 21: Das Abenteuer des Glaubens (Rex-Verlag, Luzern
    1970) 718

S. 47: ebd., 21 f

Lotz, Johannes B.

S. 129: in: Peter Christian, In Leiden und Kreuz, Worte großer Menschen und Texte aus der Bibel (Verlag Ars
Sacra, München 1977, 9

Maurer, Adolf

S. 48: Wenn ich schwach bin, bin ich stark (F. Reinhardt
Verlag, Basel 1969) 14

Mertens, Hermann

S. 23: Und Liebe ist ein anderes Wort für Gott (Matthias-
Grünewald-Verlag, Mainz 1973) 88

Morgenstern, Christian

S. 85: Zeit und Ewigkeit (Insel Verlag, Frankfurt) 32

Newman, John Henry

S. 10: Summe christlichen Denkens, hrsg. v. Walter Lipgens
(Herder-Bücherei 221) 183

S. 24: Verses on Various Occasions (Longman, London
1910) 156 f

S. 26: Summe christlichen Denkens 173

S. 30: ebd., 177

S. 83: ebd., 201–203

S. 90: ebd., 183 f

Niemöller, Martin

S. 66: Dennoch getrost (Verlag, Evang. Buchhandlung, Zolli-
kon 1939) 154–156

Nouwen, Harrie J. M.

S. 56: Mit offenen Händen (Patmos Verlag, Düsseldorf 1973)
40

Ostermann, Rudolf

S. 33: Deinen Willen tun (Butzon & Bercker, Kevelaer 1967) 34

Quoist, Michel

S. 124: Herr, da bin ich (Styria Verlag, Graz 1975) 184

Rahlfs, Eva Maria

S. 127: in: I. Pacher/E. M. Rahlfs, Irgendwann aufbrechen.
Gebete für Frauen (Echter Verlag, Würzburg 1972) 65

Rahner, Karl

S. 36: Biblische Predigten (Verlag Herder, Freiburg i. Br.
1965) 151 f

S. 41: ebd., 115 f

S. 67: Gebete der Einkehr (Otto Müller Verlag, Salzburg
1958)

S. 121: Ich glaube an Jesus Christus (Benziger Verlag, Zürich
1968)

S. 130: Wagnis des Christen (Verlag Herder, Freiburg i. Br.
1974) 40

S. 131: Glaube, der die Erde liebt (Herder-Bücherei 266)
171

Reggio, Pius-Aimone

S. 75: Vergiß die Freude nicht (Verlag Herder, Freiburg i. Br.
1956) 12

Renvall, Viola

S. 13: in: Jörg Zink, Wie wir beten können (Kreuz Verlag,
Stuttgart 1970) 121

Rilke, Rainer Maria

S. 10: Gesammelte Gedichte (Insel Verlag, Frankfurt 1962)
156

Roth, Paul

S. 50: Gott wartet auf Antwort (R. Brockhaus Verlag, Wup-
pertal)

S. 81: ebd.

S. 87: ebd.

Schindler, Elsi

S. 121: Gebete aus dem Alltag (NZN-Buchverlag, Zürich
1967) 23

Schneider, Reinhold

S. 95: Erfüllte Einsamkeit (Verlag Herder, Freiburg i. Br.
1963)

Thielicke, Helmut

S.: 56: Ich glaube. Das Bekenntnis der Christen (Herder-
Bücherei 396) 161

Waser, Maria

S. 96: Worte des Vaters in «Scala Santa»; in: Gedichte, Briefe, Prosa, hrsg. v. Esther Gamper, (Werner Classen Verlag, Zürich o. J.) 93

S. 141: ebd. 92

Franz Xaver

S. 119: in: J. P. de Caussade, Hingabe an die göttliche Vorsehung (Benziger Verlag, Zürich 1948) 207

Zink, Jörg

S. 19: Wie wir beten können (Kreuz Verlag, Stuttgart 1970) 181

S. 25: ebd., 180

S. 59: ebd., 9

S. 65: ebd., 21

S. 78: ebd., 120

S. 101: ebd., 218

S. 102: ebd., 219


Anonyme Autoren


S. 49: Junger Mensch . . ., in: Heidi Carl, Hilf uns Gott (Echter Verlag, Würzburg 1972) 19

S. 64: Aus den Erzählungen . . ., in: M. Buber, Die Erzählungen der Chassidim (Manesse Verlag, Zürich 1949) 342

S. 76: Junger Mensch . . ., in: Heidi Carl, Hilf uns Gott (Echter Verlag, Würzburg 19972) 57

S. 77: Junge Christin . . ., in: Heidi Carl, Hilf uns Gott (Echter Verlag, Würzburg 1972) 48

S. 83: Theologe – Tschechoslowakei, in: D. Cremer, Wohin, Herr? (Echter Verlag, Würzburg 1971) 133

S. 141: in: Franziskus-Kalender 1978 (Verlag TAU-Buchhandlung, Schwyz)

*Geistliche Texte und Gebete
für jeden Tag des Jahres
von August Berz zusammengestellt*

# Mit Gott ins Heute
3 Bände, broschiert, je 9.80

# Als Christ in den Tag
3 Bände, broschiert, je 9.80

«Die Texte vermitteln dem Betrachter den Eindruck, in einer Gemeinschaft von Menschen zu stehen, die gleich ihm gerungen, gesucht und gefunden haben.»
*(Pax-Korrespondenz)*

«Die Bände verdienen warme Empfehlung; sie sind eine Ergänzung und Vertiefung unserer Verkündigung.»
*(Anzeiger für die katholische Geistlichkeit)*

Benziger